August Ludwig Gräffe

Nachrichten von einem grossen aber unsichtbaren Bunde

gegen die christliche Religion und die Monarchie

August Ludwig Gräffe

Nachrichten von einem grossen aber unsichtbaren Bunde
gegen die christliche Religion und die Monarchie

ISBN/EAN: 9783743404854

Hergestellt in Europa, USA, Kanada, Australien, Japan

Cover: Foto ©ninafisch / pixelio.de

Manufactured and distributed by brebook publishing software (www.brebook.com)

August Ludwig Gräffe

Nachrichten von einem grossen aber unsichtbaren Bunde

Nachrichten

von
einem großen
aber

unsichtbaren Bunde

gegen
die christliche Religion
und die
monarchischen Staaten.

Zweyte vermehrte
und mit Belegen versehene Auflage.

1795.

Vorbericht.

Dieses Schriftchen war ursprünglich zu einem Aufsatz in die Neuesten Religionsbegebenheiten bestimmt, worinn es auch eingerückt worden, und das eilfte Stück dieses Jahrgangs von 1793. ausmacht. Zu gleicher Zeit wurde es als ein besonderer Abdruck ausgegeben, welcher aber in kurzer Zeit vergriffen war. Indeß erfolgten nachher noch häufige Nachfragen nicht nur von Buchhändlern und Gelehrten, sondern auch von Staatsmännern, denen dergleichen Nachrichten dann auch nicht ganz gleichgültig seyn können.

Dieses bewog den Verfasser, eine neue Auflage zu veranstalten, und in derselben einiges zuzusetzen, wie auch verschiedne

Dinge etwas weiter zu entwickeln, und vornemlich mit Zeugnissen anderer Schriftsteller, die eben dieses zum Theil längst gewußt und auch gesagt hatten, zu belegen. Dieß war in der ersten Auflage zwar auch schon, aber nur im Allgemeinen, und so geschehen, daß man sich auf die vorhergegangnen Jahrgänge der Religionsbegebenheiten, in welchen diese Zeugniße enthalten waren, bezogen hatte; wiewohl solches wegen Mangel des Raums und der Zeit damals auch nicht aller Orten, wo es erforderlich war, hatte geschehen können. Zwar hat der nemliche Verfasser die aus dieser Ursach weggeblicbenen Citaten nachher in dem sechsten Stück des Jahrgangs von 1794 S. 345. meistens nachgeholt, auch einige neuere Thatsachen hinzugesetzt. Weil aber nicht zu erwarten steht, daß ein jeder Leser, dem die hier mitgetheilten Nachrichten wichtig vorkommen, theils alle vorhergehende Jahrgänge der Religionsbegebenheiten bey Handen, theils auch Zeit genug übrig haben

möchte, dieselben nachzuschlagen: so hat der
Verfasser für besser erachtet, die Thatsachen, um deren willen er sich damals auf
vorhergegangne Stellen berufen hatte, in
den, der gegenwärtigen Schrift angehängten Belegen, nicht blos zu widerholen, sondern auch hin und wieder zu erläutern,
mit neuen zu vermehren, und das ganze
Schriftchen überhaupt so einzurichten, daß
es nun ganz unabhängig von den Religionsbegebenheiten gelesen und verstanden werden
könnte.

Man wird also wohl thun, die Belege
jedesmal da, wo darauf verwiesen wird,
nachzuschlagen. Alsdenn wird man sowohl
die nöthigen Beweise, als auch noch manche
andre Merkwürdigkeiten finden, die nicht
wohl in den Nachrichten selbst angebracht
werden konnten, wenn der Faden der Erzählung nicht allzu oft abgerissen werden
sollte.

Da der Herausgeber der Religionsbegebenheiten bekannt genug ist, und sich zum

Ueberfluß mehrmals ausdrücklich selbst genennt hat, so kann ein jeder, dem daran
gelegen ist, und die gehörige Legitimation
mitbringt, von diesem erfahren, Wer der
Verfasser der gegenwärtigen Schrift sey;
als welcher keineswegs das Licht scheut;
obgleich wenig auf dem Quis? das Meiste
aber offenbar auf dem Quid dixerit? beruht.

Geſchichts = Erzählung.

Ja! es exiſtirt in Deutſchland ein großer Bund
gegen die chriſtliche Religion und die monarchiſchen Staaten. Sein Daſeyn läßt ſich erweiſen;
aber freylich nicht anderſt, als es die Natur der
Sache verſtattet, da es ein geheimer Bund iſt.
Man ſchließt hier, wie in ſo vielen andern Fällen,
von der Würkung auf die Urſache. Die meiſten
Glieder des Bundes ſind unſichtbar; aber ihre
Operationen liegen vor Augen.

In allen Zeitaltern gab es Leute, welche
mit dem Chriſtenthum, ſo wie es in den Neu-
teſtamentlichen Schriften gelehrt wird, nicht zu-
frieden waren, ſondern daſſelbe durch allerley
philoſophiſche oder exegetiſche Künſteleyen nach
ihrem Sinn zu modeln ſuchten. Auch gab es
ihrer bald mehr, bald weniger, welche es ganz
verwarfen, und die natürliche Religion für die
einzig wahre erklärten; oder wenn ſie ja dem
Chriſtenthum noch einigen Werth zuſtanden, denſelben blos dahin einſchränkten, daß es die reine

natürliche Religion enthalte, oder auch zu meh=
rerer Ausbreitung derſelben etwas beygetragen
habe. Zuweilen kam auch wohl ein Verächter
aller Religionen, oder ein förmlicher Atheiſt zum
Vorſchein.

In Deutſchland wurden dieſe Leute in den
ſechsziger Jahren dieſes unſers bald zu Ende
gehenden Jahrhunderts häufiger, als in den vo=
rigen Zeiten. Nachdem die Herren D. Semler
und Wilhelm Abraham Teller (in Berlin) und
unmittelbar darauf die allgemeine deutſche
Bibliotheck (1765.) den Ton zur vermeintlichen
Verbeſſerung des proteſtantiſchen Lehrbegriffs
angegeben hatten (Beleg IX. X. und XI.) ſo
traten nun mehrere in ihre Fußſtapfen, und in
wenig Jahren war die Zahl der anmaßlichen
Verbeſſerer dieſes Lehrbegriffs ſchon ſo ſehr an=
gewachſen, daß bereits im Jahr 1778 (Reli=
gionsb. 1778. 12. St. S. 931.) geklagt wurde,
man werde, wenn es noch zehen Jahre ſo fort=
gehe, des Diogenes Laterne zur Hand nehmen
müſſen, um noch einen ächten Proteſtanten zu
finden.

Indeß giengen die Bemühungen der meiſten
nicht gleich anfänglich dahin, das Chriſtenthum
ſelbſt aufzuheben, oder es in den Deismus zu
verwandeln, wie man nachher den Verſuch machte:

ſondern ſie wollten daſſelbe, wie ſie verſicherten, gröſtentheils auch wohl ſelbſt ſich Hoffnung mach= ten, nur zu ſeiner urſprünglichen Reinigkeit wie= der zurückführen, vornemlich aber die proteſtan= tiſche Religion von den Schlacken, die ihr noch anhängen ſollten, reinigen; zu welchem Ende ſie auf mancherley Art an derſelben drechſelten und ſchnitzelten, oder ihren Gehalt zu deſtilliren und zu ſublimiren ſuchten. Was ſie hierdurch übrig ließen, war zwar das proteſtantiſche Chri= ſtenthum nicht, wie es in den Bekenntnißbüchern der Lutheraner und Reformirten enthalten iſt, und noch weniger war es der Lehrbegriff der Catho= licken. Aber es war doch immer eine Art von Chriſtenthum; bald Arminianismus, wie er in den auf die bekannten Unruhen in Holland gefolg= ten Zeiten ſich in kurzem gebildet hatte; bald aber auch Arianismus, oder und vornemlich So= cinianismus. In demſelben galt Chriſtus immer noch ſehr viel; man rechnete noch auf ſein und ſeiner Apoſtel Anſehen; man hielt daſſelbe auch noch für eine unmittelbare göttliche Erfahrung.

Zur Unterſtützung des Socinianiſchen, Aria= niſchen oder Arminianiſchen Syſtems, welches letztere die Syſteme aller chriſtlichen Partheyen, das der Catholicken ausgenommen, gewiſſermaſ= ſen zu vereinigen ſuchte, indem es alle ſogenannte

Unterſcheidungslehren, für unerheblich ausgab,
hatte man manche philoſophiſche und exegetiſche
Grundſätze theils erfunden, theils aus den vori=
gen Zeiten hergeholt, und auf mancherley Art ein=
gekleidet und ausgeſchmückt. Dieſe waren aber
dem Anſehen der heil. Schrift eben nicht ſehr
zuträglich, ſondern führten vielmehr zum Natu=
ralismus; und muſten nothwendig darauf führen,
wenn ein Kopf, der conſequent zu denken ge=
wohnt war, ſie für wahr annahm und anwen=
den wollte. Von allen dieſen Syſtemen war nur
ein Schritt zum Naturalismus; ſo wenig auch
mancher ſolches vorher einſah, oder dieſen Schritt
zu thun willens war.

Nach und nach geſchah er jedoch häufig;
und die Meynung, daß das Chriſtenthum wei=
ter nichts, als Naturalismus ſey, und daß die
Lehren deſſelben keinesweges auf der Autorität
Chriſti und ſeiner Apoſtel, ſondern nur auf in=
nern Gründen beruhten, ſo daß dasjenige, was
keine ſolche innere Gründe für ſich habe, in der
That auch nicht wahr, ſondern höchſtens Ein=
kleidung und Hülle ſey, wurde unter den prote=
ſtantiſchen Theologen beynahe herrſchend. Die=
ſes aber hat man vornemlich der allgemeinen
deutſchen Bibliotheck zu verdanken; ohne welche
die Bemühungen einzelner, ſelbſt der gelehrteſten

Schriftſteller, weder ſo allgemein bekannt gewor=
den ſeyn, noch ſo vielen Beyfall erhalten haben
würden.

Dieſe Bibliotheck war die Erfindung des ge=
lehrten Buchhändlers Herrn Nicolai in Berlin,
welcher dieſelbe nicht blos aus mercantiliſchen,
ſondern auch, und vielmehr aus höhern Abſichten
angelegt hatte (Beleg V. S. 30.) denn durch ſie
wollte er Aufklärung befördern und allgemein
machen. Unter Aufklärung aber verſtand er in
Rückſicht auf Religion, wie es ſich in der Folge
auswies, den Naturalismus. Er fand vertraute
Freunde, die ihn kräftig unterſtützten, und Mit=
arbeiter, die ſeine Abſichten beförderten.

Durch den großen Umfang, den man die=
ſem Werk gegeben hatte, durch manche gründ=
liche Recenſionen in allen Fächern der Gelehrſam=
keit, ſogar ſelbſt im theologiſchen Fach, zumal
in den frühern Zeiten, fand daſſelbe beynahe ei=
nen allgemeinen Beyfall; welcher durch den frey=
müthigen und lebhaften, mit unter auch luſtigen
Ton, deſſen man ſich bediente, noch vermehrt
wurde. Die vielen Mitarbeiter des Werks un=
terließen auch nicht, daſſelbe allenthalben anzu=
preiſen, weil doch ein Theil der Ehre auf ſie zu=
rückfiel. Junge Gelehrte, denen vornemlich der
muntere Ton behagte, und die, ſo große Selbſt-

denker ſie auch zu ſeyn wähnen, doch gemeiniglich von dem Vorurtheil des Anſehens, des Neuen,
oder Neuſcheinenden, wie auch des Paradoxen
regiert werden, ſchnitten jetzo ihre Arbeiten nach
dieſem großen Muſter zu, und machten ſich die
Hoffnung, worinn ſie ſich auch ſelten betrogen,
in dieſem Werk aller Werke gerühmt zu werden,
und vielleicht unter der Anzahl der verehrungs-
würdigen Mitarbeiter deſſelben, die man um ſo
mehr ſchätzte, je weniger man ſie kannte, mit
der Zeit auch zu glänzen.

Ein Plan war da, und muſte natürlicher-
weiſe da ſeyn, wenn das Werk beſtehen ſollte.
Dieſer muſte in Abſicht auf Religion nicht blos
im theologiſchen, ſondern auch im philoſophiſchen
und hiſtoriſchen, und überhaupt in allen Fächern
befolgt werden, welche auf die Religion Bezug
haben konnten. Doch konnte man wegen der
Verſchiedenheit der Mitarbeiter, denen man den
Plan nicht ins geſamt entdecken konnte, und die
auch nicht ſogleich eingeſchoſſen waren, es nicht
ſchon in den erſten Bänden dahin bringen, daß
durchaus nach einerley Grundſätzen geurtheilt
worden wäre. Dieſes zu verlangen war auch
fornenweg nicht rathſam, weil man, wenn man
ſich ſogleich blos gegeben hätte, manche Mitarbeiter, und noch mehr Leſer abgeſchröckt haben
würde.

würde. Man verſteckte alſo den Plan, und ließ nur zuweilen etwas davon hervorſchimmern, bis man mit der Zeit weiter herausgehen könnte.

Man verfuhr ſtuffenweiſe. Zuerſt gab man vor, als wollte man die Religion immer faßlicher, einleuchtender und liebenswürdiger machen, und vornemlich von gewiſſen Schwierigkeiten befreyen, an welchen ſich ſo manche für die Religion gutgeſinnte Leute zu ſtoßen pflegten. Man tadelte alſo einſtweilen nur die Vorſtellungsarten, welche dieſe oder jene Theologen von gewiſſen Lehren, oder auch die Erklärungen, die ſie von manchen Stellen der heiligen Schrift gegeben hatten, und an welchen oft manches mit Grund ausgeſetzt werden konnte. Dann ſchritt man zu dem proteſtantiſchen Lehrbegriff ſelbſt, und gab zu verſtehen, daß derſelbe und die ſymboliſchen Schriften, worinn er enthalten iſt, weil beyde am Ende immer nur menſchliche Werke ſeyen, doch wohl auch einige Mängel und Unvollkommenheiten an ſich haben könnten, welche abzuſondern einem jeden Proteſtanten frey ſtehen müſte; und welche Freyheit bey der Reformation zum Grunde gelegt, und gewiſſermaſen mit Blut erkauft worden ſey. Hierauf ſprach man deutlicher von gewiſſen Menſchenſatzungen, welche dieſem Lehrbegriff noch würklich ankleben

B

ſollten, und wovon man ihn reinigen müſte; wobey
man jedoch anfänglich nur ſolche Lehren angriff,
die minder wichtig zu ſeyn ſchienen, bis man
nach und nach zu den weſentlichen Lehren, ſelbſt
ſolchen, welche die Proteſtanten mit den Catho=
licken gemein haben, und zulezt zu denjenigen
fortſchritt, welche bisher von allen chriſtlichen
Partheyen anerkannt worden waren.

Natürlich muſte man dabey zum öftern auf
Stellen der heiligen Schrift ſtoſſen, aus welchen
man die angegrifnen Lehren zu beweiſen gewohnt
war. Anfänglich ſchwächte man die Beweis=
kraft derſelben durch allerley willkührliche Ausle=
gungsregeln, die man erfand, oder anderſtwoher,
vornemlich von den Socinianern, nach Tellers
Beyſpiel, entlehnte, und in neue Ausdrücke einklei=
dete. Hierauf beſtritt man einzelne bibliſche Bü=
cher, und benuzte zu dem Ende alles, was die
Kriticker, und inſonderheit Semler, bisher vor=
gearbeitet hatten, und noch vorarbeiteten. End=
lich ſezte man das ganze alte Teſtament tief
herunter, ſchwächte das Anſehen der neuteſta=
mentlichen Schriftſteller, denen man Volksmey=
nungen und Vorurtheile Schuld gab, ſuchte
hierauf Chriſtum ſelbſt um alle Autorität zu brin=
gen, indem man ihm aufbürdete, daß er jene
Meynungen und Vorurtheile ſelbſt gebilligt habe,

welches man zum Schein für Klugheit ausgab,
läugnete nach und nach ſeine unmittelbare Sen=
dung, läugnete oder ſchwächte ſeine Wunder,
läugnete zulezt alle unmittelbare göttliche Offen=
barung, und erklärte dieſelbe für überflüßig, Gott
unanſtändig und am Ende gar für ſchlechterdings
unmöglich, und ſomit die ganze Bibel für ein
bloſes menſchliches Machwerk.

Was an die Stelle des proteſtantiſchen Lehr=
begriffs, als man denſelben nur noch allein be=
ſtritt, geſetzt werden ſollte, war nicht gleich klar.
Doch ſchien ſolches eine Zeitlang der Socinianis=
mus zu ſeyn, welchen man am meiſten begün=
ſtigte. Im Grunde aber war es dieſer auch nicht;
da er noch immer eine Art von Chriſtenthum war.
Man hatte zwar ſocinianiſche, aber man hatte
auch zum öftern blos arianiſche, nicht ſelten
auch arminianiſche Vorſtellungsarten aufgeſtellt
und angeprieſen. Denn alle konnten zu einem
und dem nemlichen Zweck beförderlich ſeyn, die
proteſtantiſchen Lehren nemlich zu verdrängen.
Man miſchte aber auch häufig ſolche Vorſtellungs=
arten mit ein, welche aller chriſtlichen Religion
überhaupt nachtheilig waren, und zog derglei=
chen ſelbſt aus blos naturaliſtiſchen und gegen
das ganze Chriſtenthum feindſelig geſinnten
Schriftſtellern hervor, und rühmte oder entſchul=

digte wenigſtens einzelne Aeuſſerungen derſelben,
wenn man ſich noch nicht unterſtand, ſie im Gan=
zen anzupreiſen. Nach und nach veroffenbahrte
es ſich, daß der Naturalismus an die Stelle
des Chriſtenthums geſetzt, und dieſes blos dem
Nahmen nach ſtehen bleiben ſollte.

An die Bibliothek hängte ſich eine Menge
von einzelnen Schriftſtellern an, welche, ſobald
dieſelbe Fuß gefaßt hatte, hauffenweiſe erſchienen.
Denn ſie konnten ſicher darauf rechnen, daß ſie
in dieſem Journal aller Journale belobpreiſet
werden würden; und da daſſelbe ungeahndet im=
mer weiter gegangen war, ſo war auch für ſie
wenig zu befürchten. Die Bibliothek hat alſo
nicht allein unmittelbar und durch ſich ſelbſt dem
Chriſtenthum in Deutſchland unendlich viel ge=
ſchadet; ſondern ſie hat es auch mittelbarer=
weiſe gethan, indem ſie ſo manche Schriftſteller,
die ohne ihren Vorgang wohl zu Hauſe geblie=
ben ſeyn würden, begünſtigte, ihnen Muth mach=
te, und ſie gleichſam bildete und anzog: ſo wie
ſie auf der andern Seite die Leſer betrog, indem
ſie dem Naturalismus eine Art von chriſtlichem
Gewand umwarf, und ſie dadurch in der Mey=
nung erhielt, als hätten ſie das Chriſtenthum
noch ſelbſt. An dieſem Gewand arbeiten nun
noch jetzo viele ſogenannte proteſtantiſche Theo=

logen, zu welchen unter der Hand auch catholiſche kamen. Sie waren zwar manchmal über
den Stoff deſſelben, den ſie aus allen Winkeln
hervorſuchten, und zuſammen zu ſetzen ſuchten,
wie auch und noch öfterer über den Zuſchnitt
uneinig. Aber in der Hauptſache ſtimmten ſie
alle überein. Nach ihnen iſt das Chriſtenthum
in puris naturalibus aufgeſtellt, ſchlechthin nichts
weiter, als der auf ganz gewöhnlichen Wegen
zur Welt gekommene Naturalismus, welcher aber,
ſo ſchön er an ſich ſelbſt iſt, doch für den großen
Haufen, der nicht gewohnt iſt, ihn nackt zu erblicken, und ihn ſo nicht zu ſchätzen weiß, auf
eine chriſtliche Art angekleidet werden muß.

Aus der Bibliothek ſelbſt erhellt, daß gleich
urſprünglich eine Geſellſchaft einiger, obgleich
nur weniger Männer vorhanden war, welche gemeinſchaftlich zuerſt der proteſtantiſchen, dann
der chriſtlichen Religion überhaupt, durch eben
dieſe Biblitheck entgegen arbeiten wollten. Dieſe
waren Hr. Nicolai, Herausgeber und Director
der Bibliothek, mit einigen Vertrauten, deren
Nahmen man nicht mit Gewißheit weiß, unter
welchen ſich aber nach deſſen eigner Erzählung (Beleg V. S. 29.) Moſes Mendelſohn
befand; wahrſcheinlich auch Leſſing, und einige, obgleich noch nicht alle Mitarbeiter in dem

theologiſchen Fach, deren man mit Verlauf der
Zeit wohl mehrere, wie die folgenden Recenſionen vermuthen laſſen, mit in das Geheimnis und
in den Bund aufnahm. Die übrigen waren,
wie ſo viele einzelne Schriftſteller, die allmählig
aufſtanden, Handlanger und Inſtrumente in den
Händen der Hauptperſonen, ohne daß ſie von
dem Bund ſelbſt etwas wiſſen mochten. Dieſe
ſuchte man zur Beförderung des großen
Zwecks, vornemlich daburch geneigt zu machen,
daß man ſie in der Bibliothek wegen ihrer Freymüthigkeit und ihrer hellen Gedenkungsart rühmte, und dabey ermunterte, auf der angefangnen
Bahn herzhaft fortzufahren. Mit dem Jahr 1782
wurde der Bund verſtärkt, und die Abſichten
deſſelben erweitert, nachdem Hr. Nicolai auf
ſeiner in Jahr 1781 unternommenen gelehrten
und mercantiliſchen Reiſe zu den Illuminaten
getreten war. (Beleg V. S. 32. XI. S. 77.)
Die Sprache in der Bibliothek wurde zubring-
licher und heftiger, da man ſich nun auf den Beyfall und Hülfe ſo mancher Glieder dieſes ſchon
damals mächtigen Ordens verlaſſen konnte. Den
Abſichten dieſes Ordens gemäß änderte ſich auch
die Behandlung der Catholicken, welchen die
Bibliothek jetzo ganz anderſt als vorher, und
völlig feindſelig begegnete.

Im großen Publiko wurden die Illumina=
ten erſt mit dem Anfang des Jahrs 1784. bekannt,
da ſie mit einigen ihrer ausgetretnen Gliedern in
Bayern in Streitigkeiten geriethen, auch einige
landesherrliche Mandate gegen ſie ergiengen.
Schon damals merkte man, daß ſie Abſichten
auf die Religion haben möchten. Die Berliner
Freymaurer = Loge zu den drey Weltkugeln
mußte ſolches bereits ziemlich genau, und kannte
auch ihre politiſche Abſichten. Sie erklärte ſich
darüber in einem Circulare (Beleg I. S. 3.) das
aber erſt im Jahr 1786. und zwar durch die Illu=
minaten ſelbſt, welche damals allerley Schriften
zu ihrer Vertheidigung herausgaben, in der
übrigen Welt bekannt wurde. Zu Anfang des
Jahrs 1786 hatte Lavater (Beleg II. S. 5.)
einige Nachrichten von einer Verbrüderung gegen
die chriſtliche Religion überkommen und gelegent=
lich bekannt gemacht. Der Verfaſſer der Ent=
hüllung des Syſtems der Weltbürger = Republik
wußte mehr, und entwickelte die Abſichten der
Illuminaten auf Religion und Staat, und zeigte
die Mittel an, deren ſie ſich zu beyden bedienten.
(Beleg IV. S. 12. 21. u. f. Reinhard Morgen=
ſtern kannte beyde Zwecke derſelben ebenfalls,
und meldete, daß man den Dr. Bahrdt förmlich
beſoldete, um gegen das Chriſtenthum zu ſchrei=

ben, (Beleg III. S. 9.) der ohne dieſe Ermun=
terung und Unterſtützung ſchwerlich ſo weit ver=
fallen ſeyn würde, den Herrn, der auch ihn er=
kauft hatte, (2. Petr. 2. 1.) zu verläugnen,
und zu einem bloßen Ordensſtifter nach ſeinen
Vorgängern, Spartacus und Philo, herabzu=
ſetzen.

Mit dem Jahr 1787 gieng der Welt ein
größeres Licht auf, als die Originalſchriften
der Illuminaten und deren Nachtrag im Druck
erſchienen, wodurch die Aeuſſerungen der gedach=
ten Freymaurer=Loge, Lavaters und jener beyden
Schriftſteller, völlig beſtättigt wurde. Und nun
machten mehrere Männer die Gänge der Illu=
minaten, und die mit dieſen übereinſtimmende
Gänge der allgemeinen deutſchen Bibliotheck dem
Publico bemerklich (Beleg V. S. 26 u. f. und
VI. S. 42.) Die deutſche Union, welche in
dem Jahr 1788 bekannt wurden, (Beleg VIII.
S. 51.) gab noch einiges Licht weiter. Auch
erſah man verſchiednes aus den untern Graden
der Illuminaten, wovon zwar einige Bruchſtücke
ſchon bekannt waren, die aber nun ganz im
Druck erſchienen unter dem Titel: Der ächte
Illuminat 8. Edeſſa 1788. Die beyden höhern
Grade, der ſogenannte Prieſter= und Regentengrad,
wurden endlich auch in folgendem Buch gedruckt:

Die neuesten Arbeiten des Spartacus und Philo
in dem Illuminatenorden gr. 8. 1793. Gleich
darauf kam auch der Zwischengrad, der noch ge=
fehlt hatte, heraus, unter dem Titel: Illumi=
natus dirigens, oder Schottischer Ritter, gr. 8.
1794. Nimmt man nun die Rechtfertigun=
gen, welche Hr. Weißhaupt, der Stifter des Or=
dens im Jahr 1787. und die endliche Erklä=
rung, welche Philo, oder der Freyherr von
Knigge 1788. herausgegeben, mit hinzu, so kann
man die Absichten und Operationen dieses be=
rühmten Ordens ziemlich genau kennen lernen.
Will man hiermit noch folgende kleine Schriften
verbinden: Eine Rede über den Illuminaten=
Orden gehalten in einer Freymaurer ▪ Loge im
December 1793. 8. Regensburg 1794. zum Be=
sten der Kriegsoperations=Casse; Endliches
Schicksal des Freymaurer ▪ Ordens in einer
Schlußrede gesprochen von Br ** vormals Red=
ner der Loge zu *** am Tage ihrer Auflösung,
8. 1794; und Fragmente zur Biographie des
verstorbnen geheimen Raths Bode in Weimar,
8. Rom, auf Kosten der Propaganda 1795. so
wird man noch manche andre Merkwürdigkeiten
weiter finden. (Beleg XVIII.)

Von dem Jahr 1782. an, war also der Aufklä=
rerbund des Herrn Nicolai mit dem der Illumi=

naten vereinigt; doch erfuhr man dieſes erſt im
Jahr 1787. durch den damals erſchienenen Nach=
trag der Originalſchriften. Jetzt erſah man alſo
die Urſach von den Wirkungen, die ſchon im
Jahr 1782 und den nächſtfolgenden Jahren ſicht=
bar geweſen waren. Im Jahr 1786. wo die
Illuminaten manche Vertheidigungsſchriften her=
auszugeben anfiengen, merkte man auch, daß
dieſelben ihre Hände in den Journalen und ge=
lehrten Zeitungen hatten, welche beynahe aller=
ſeits zu ihrem Vortheil ſprachen. Nach Erſchei=
nung der Originalſchriften wurde ſolches noch deut=
licher. (Beleg V. S. 34. XI. S. 79.) Auch er=
fuhr man in dieſem und noch mehr in dem fol=
genden Jahr, als die deutſche Union bekannt
wurde, daß ſie ihren Grundſätzen gemäß (Beleg
VII. S. 47.) auch ſchon manche Buchhändler
an ſich gezogen, (Beleg VIII. S. 52 = 57) und
ſomit die ganze Litteratur in ihre Gewalt bekom=
men hatten, oder noch zu bekommen eifrigſt be=
müht waren.

Die Verbündeten hatten ungeachtet aller Ent=
deckungen, die man von Zeit zu Zeit über ſie
erhielt, immer fortgefahren, ſich in ganz Deutſch=
land auszubreiten, und feſtzuſetzen, und konnten
der Erfüllung des einen Theils ihres Wunſches,
der Herabſetzung der chriſtlichen Religion, mit

einiger Hoffnung entgegen ſehen, als ihnen auf
einmal aus einem Lande, wo ſie am meiſten
Grund hätten, den Naturalismus öffentlich begünſtigt und privilegirt zu ſehen, ein gewalti-
ger Strich durch die Rechnung gemacht wurde.
Es erſchien 1788. das königl. Preußiſche Religions = Edikt und bald darauf zu Ende des nemlichen Jahrs, die erneuerte Bücher = Cenſur-
Verordnung, welche beyde, vornemlich das
erſtere, ihnen ſehr ungelegen kamen. (Bel. VIII.
S. 51 = 53.)

Nun war es, als wenn man einen ganzen
Hauffen von wilden Thieren losgelaſſen hätte.
Vorher gab es zwar auch ſchon einen und den
andern raſenden Schriftſteller; aber in einer ſolchen Menge hatte man ſie noch nicht geſehen.
Sie widerſetzten ſich nicht blos dem Religions-
Edikt, ſondern dem Chriſtenthum überhaupt,
und ſuchten den Regenten alle Rechte über Religion, Preſſe u ſ. f. ſchlechtweg abzuſtreiten.
Und dieſe Unſinnigen, mit deren Geſchrey man
die Leſerwelt betäuben, und den Regenten Furcht
einjagen wollte, wie dann würklich Mehrere mit
Empörung drohten, wurden beynahe von allen
Journaliſten und Schreibern an gelehrten Zeitungen gelobt; wogegen die wenigen Vertheidiger
des Religions = Edicts, unter welchen doch auch

Männer waren, die die Sachen verſtanden, und die Feder zu führen wußten, von ihnen, wenn ſie ihrer ja noch Erwähnung thaten und thun muſten, auf das niederträchtigſte behandelt, und wie aus einem Halſe verſchrieen wurden. So wurden dann die der Religion und den Regenten gleich nachtheiligen Grundſätze immer mehr in das Publicum gebracht, und die Leſer bald unverholen, bald verſteckterweiſe ermuntert, dieſelben zu befolgen, indem man unter andern die Freymüthigkeit jener Wüthenden bis in den Himmel erhob; gleich als ob Freymüthigkeit ſchon an ſich ſelbſt eine Tugend wäre, und noch Tugend bliebe, wenn man auch gleich dabey alle Klugheit, alle Gerechtigkeit und Billigkeit gegen ſeinen Nebenmenſchen, alle Achtung für ſeine rechtmäßige Obrigkeit, und überhaupt alle Arten von Pflichten aus den Augen ſetzte.

Jene Edikte thaten die gehofte Würkung nicht. In Ländern anderer Herrſchaft tobten die falſchen Aufklärer nur um ſo ärger, und die feindſeligen Schriften gegen die Religion und die Regenten wurden immer häufiger. Selbſt in den Preußiſchen Landen wurde die Ausführung jener Edikte auf allerley Art erſchwert, wie die von Zeit zu Zeit daher entſtandnen Prozeſſe beweiſen. Es erſchienen auch daſelbſt faſt mehr Schriften als vorher gegen die Religion; freylich meiſt

anonymiſch, doch auch manche mit dem Namen
ver Verfaſſer.   So gar ließen Gelehrte, denen
der Druck ihrer Schriften in dem Lande auf das
ernſthafteſte unterſagt worden, dieſelben und zwar
ſelbſt mit Vorſetzung ihres Namens auswärts
drucken, wodurch dann, da dieſes, ſo viel be=
kannt iſt, ungeahndtet hingieng, der Zweck beyder
Verordnungen zum Theil verfehlt wurde.

Seitdem iſt es in dem ganzen proteſtanti=
ſchen Deutſchland mit dem Religions = Unfug
ſo fortgegangen, und es hat noch kein Anſehen,
daß es beſſer werden wird.   Auf mehrern Uni=
verſitäten ſind die alten Männer, welche die Sa=
chen noch einigermaſen in Ordnung erhielten,
abgeſtorben; und ſeit fünf oder ſechs Jahren iſt
man auf verſchiednen derſelben, wo man ſonſt
zwar mäßig und tolerant, aber doch noch ſo
ziemlich orthodox geſinnt war, auch auf den
breiten Weg gerathen, worauf jetzo ſo viele wan=
deln; wie ſolches die daſelbſt von öffentlichen
Lehrern herauskommenden Schriften, und zum
Theil auch die dort erſcheinenden gelehrten Zei=
tungen, ſelbſt an Orten, wo man ſolches gar nicht
hätte erwarten ſollen, beweiſen.   Nun wird auch
noch die Kantiſche Philoſophie dazu gebraucht,
um alle poſitive Religion von Grund aus umzu=
ſtürzen, oder allenfalls ſo einzukleiden, daß ſie

lächerlich und verwerflich werden muß. Eben
dieſe Philoſophie gebraucht man auch, um die
Rechte der Fürſten ungewiß zu machen, und
die Staaten zu untergraben.

In Anſehung des politiſchen Fachs verfuhr
man anfänglich mit etwas mehr Behutſamkeit;
es ſchien leichter, die Religion anzugreiffen, als
die Fürſten. Indeß ſchickte man von Zeit zu Zeit
einen Partheygänger, wie Bahrdt, aus, um
Verſuche im Kleinen zu machen, und mit ihm,
das Terrain, wie man zu reden pflegt, zu ſon=
diren. Er ſchrieb 1787 ein Büchlein über Preß=
freyheit, und ſetzte darinn ſolche Grundſätze über
das Recht feſt, daß alles Recht zu einem völli=
gen Unding wurde. Dennoch fand dieſes Ge=
ſchmier bey manchen Leuten, die ſonſt gelehrt
und klug, allenfalls auch im Ruf der Gerechtig=
keit waren, Beyfall. Aehnliche falſche Grund=
ſätze wurden auch in den Schriften gegen das
Religions=Edikt ausgeſtreut und angeprieſen.

Bald hernach wurde die franzöſiſche Re=
volution auf eine Seite gewendet, an die wohl
wenig Leute, ſelbſt in Frankreich, anfänglich ge=
dacht haben mochten. Nun wurden der politi=
ſchen Schriftſteller immer mehrere, die gegen
Könige, Fürſten und monarchiſche Verfaſſungen,

oft mit vieler Bitterkeit declamirten. Sie miſch-
ten alles unter einander, und empfahlen mit vielem Geräuſch die Grundſätze von Freyheit und
Gleichheit, nicht wie ſie wahr ſind, und ſchon
längſt in allen Compendien des Naturrechts aufgeſtellt waren; ſondern in dem Sinn der Illuminaten, und wie ſie die Franzoſen verſtanden
und über die Gebühr ausgedehnt hatten. Sie
tadelten dabey alle Anſtalten, welche der Kaiſer
und das Reich ſo wohl gegen die weitere Ausbreitung ſolcher Grundſätze, als auch zur Abhal-
tung der angegangenen Thätlichkeiten machten,
laut und grob; und ob ſie gleich nur Sophiſmen ge-
brauchten, ſo machten dieſe doch, wie gewöhn-
lich, auf viele Leute Eindruck. Kurz, ſie unter-
ließen nichts, was in ihren Kräften ſtand, um
einen gänzlichen Umſturz der bisherigen Verfaſſungen zu befördern; wenigſtens weißagten ſie,
daß derſelbe in kurzer Zeit erfolgen würde, und
unumgänglich erfolgen müſte. Die meiſten Recenſenten gaben ihnen in den gelehrten Zeitungen und Journalen Beyfall, und verbreiteten
die gefährlichen Vorſpiegelungen immer weiter.
Sogar wurden eigne Journale angelegt, worinn
Deutſche ſich ſo verläugneten, daß ſie eine neue,
noch nicht feſte, noch durch keine Erfahrung er-
probte Verfaſſung anprieſen; welches alles un-

ter mehrern, vornemlich in dem ſogenannten
Schleswiger Journal geſchah. (Beleg XVI.)

So wie ein großes Heer von Schriftſtellern
ſeit mehrern Jahren in den feindſeeligen Abſich=
ten gegen die chriſtliche Religion und gegen die
monarchiſchen Verfaſſungen übereinſtimmt: ſo
ſtimmen dieſelben auch in den Mitteln überein,
wodurch ſie ihre verderblichen Grundſätze in das
Publicum zu bringen, und herrſchend zu machen
ſuchen. Sie bedienen ſich aller möglichen Kunſt=
griffe, unbekümmert, in wiefern ſie ſich mit der
Rechtſchaffenheit eines Mannes, der Menſchen
über wichtige Gegenſtände wahrhaft aufklären
will, und mit den Rechten dieſer ihrer Neben=
menſchen und Mitbürger vertragen.

Faſt durchgehends wird man finden, daß dieſe
falſchen Aufklärer ihre Sätze zwar mit vielem
Gepränge vorbringen, aber äuſſerſt ſelten einen
Beweis derſelben wagen, oder, wenn ſie ja noch
den Schein davon annehmen, nach Art der Ra=
buliſten dasjenige nicht beweiſen, was ſie ſollten,
dagegen aber etwas anders beweiſen, woran nie=
mand zweifelt; blos um unvorſichtige Leſer zu
hintergehen, damit ſie das Uebrige, dem es wirk=
lich am Beweiſe fehlt, auch glauben ſollen. So
beweiſen ſie zum Exempel mit vieler Weitläuftig=
keit und bittern Ausfällen auf Dumköpfe und
Böſe=

Böſewichter, daß Aufklärung von großem Werth
für die Menſchheit, und derjenige ein Feind der
leztern ſey, welcher die erſtere hindern wolle.
Stulte, quis unquam dubitavit? wird man hier
verſucht auszurufen. Davon kann unter Leuten, die ihren Verſtand noch nicht verlohren haben, ja die Frage nicht ſeyn; ſondern ſie iſt vielmehr: ob es nicht auch eine falſche Aufklärung
gäbe, welche den Rahmen der wahren uſurpirt;
und ob alles das, was man heutiges Tages
unter dem Titel der Aufklärung ins Publicum
bringt, dieſen Rahmen würklich verdiene; oder
ob nicht manches, was für ein wahres und
wohlthätiges Licht ausgegeben wird, ein Irrlicht
ſey, das in Moräſte und Abgründe hinführe?
Dieſer Frage weicht man entweder ganz aus,
oder wenn man dieſes nicht kann, ſo entſcheidet
man dictatoriſch, ohne weitern Beweis, gleich
als wenn alles ſo ausgemacht wäre, daß kein
Vernünftiger daran zweifeln könne, oder je ge-
zweifelt habe. So verſichern viele neuere Schriftſteller ohne alle Umſtände: das Chriſtenthum ſey
nichts weiter, als natürliche Religion in einer
gewiſſen, ganz zufälligen Einkleidung; Gott würke
niemals unmittelbar; eine unmittelbare Offen-
bahrung Gottes ſey unmöglich, die democrati-
ſche Verfaſſung ſey die einzige, welche der Ver-

nunft gemäß ſey; alle Monarchen und Fürſten
ſeyen ſchlechtweg Uſurpatoren u. ſ. f.

Allenfalls beweiſet man ſeinen Satz im All=
gemeinen, läßt aber die nöthigen Einſchränkun=
gen weg, durch welche er erſt wahr und brauch=
bar wird, um unvorſichtige Leute zu verleiten,
daß ſie denſelben auf alle mögliche Fälle, auch
ſolche anwenden ſollen, worauf er ſich gar nicht
ſchickt, welches dann eben dasjenige iſt, was man
mit einem ſolchen hingeworfnen Satz eigentlich
erreichen wollte. So giebt man zum Exempel
vor, daß, weil Wahrheit nützlicher ſey, als Irr=
thum und Täuſchung, woran im Allgemeinen
auch niemand zweifelt, eine jede Wahrheit auch
öffentlich und laut geſagt werden dürfe, ſie be=
treffe wen und was ſie wolle. Allein jener Satz
iſt nur überhaupt (in abſtracto) genommen rich=
tig; und da hilft er gerade ſehr wenig. Denn
in einem jeden einzelnen Fall entſteht die Frage:
ob dieſe Wahrheit, vorausgeſetzt, daß es auch
wirklich Wahrheit, und nicht Irrthum, Erdich=
tung oder Verläumdung ſey, wie dergleichen nur
allzuoft zur Kränkung rechtſchaffner Leute für
Wahrheit ausgegeben wird; ob, ſage ich, dieſe
Wahrheit an dieſem Ort, zu dieſer Zeit, und in
dieſer Einkleidung geſagt werden dürfe? Denn
es iſt doch möglich, daß eine an ſich nützliche

Wahrheit für gewiſſe Leute, die noch nicht vor=
bereitet genug ſind, wie z. E. ſo manche Sätze
von Menſchenrechten, bey einem unwiſſenden
oder aufgebrachten Volk, zu früh, oder zur
Unzeit vorgebracht wird, und eben deswegen der
Misbrauch derſelben, der, wie die Erfahrung
erſt noch in den neueſten Zeiten gelehrt hat, er=
ſchröckliche Folgen nach ſich ziehen kann, unver=
meidlich iſt, und die Vortheile der Wahrheit
noch zur Zeit unendlich weit überwiegt. Es iſt
möglich, daß wahre Nachrichten, gewiſſe, auf
einem merkwürdigen Standorte ſtehende Men=
ſchen betreffend, dieſen äußerſt ſchädlich ſind,
wenn ſie öffentlich bekannt werden; daß ſie die=
ſelben um ihre gänze zeitliche Wohlfahrt, um
ihren Credit und um ihr Anſehen bringen kön=
nen, wodurch ſie außer Stand geſezt werden,
für ſich, die Ihrigen, und oft eine beträchtli=
che Menge anderer Menſchen nüzlich zu ſeyn;
wie es unter mehrern der Fall bey Kaufleuten,
bey Religions und Schul = Lehrern, bey obrigkeit=
lichen Perſonen, und vornemlich bey Regenten
ſeyn kann; welche alle ihre Schwachheiten und
Fehler haben können, die eben nicht gerade, wie
man zu reden pflegt, an die große Glocke ge=
hängt werden müſſen. Iſt es vernünftig, iſt es
menſchenfreundlich, gerecht, oder billig, ſolche

Nachrichten, wenn nicht ein ſehr überwiegender
Nutzen dadurch geſtiftet wird, wenn unſre eigne
Vertheidigung, wenn das Wohl anderer Men⸗
ſchen oder des ganzen Staats, ſolches nicht
ſchlechterdings erfordert, öffentlich bekannt zu
machen? kann man dieſe Beleidigungen, Be⸗
ſchädigungen und Kränkungen, die oft aus einem
bloßen Leichtſinn, aus jugendlichem Muthwillen,
aus Anecdotenſucht, aus Kitzel, alles zu ſagen,
was man weiß, unbenommen werden, wohl da⸗
mit entſchuldigen oder gar rechtfertigen, daß Pub⸗
licität und Preßfreyheit große Wohlthaten ſeyen,
und die, wie man ſogar vorgiebt, unter die durch⸗
aus unveräußerlichen Menſchenrechte gehören
ſollen; wiewohl dieſe dadurch, daß man nach⸗
theilige Dinge zurückhält auch nicht einmal ver⸗
loren oder veräußert werden; ſo wenig als derjeni⸗
ge ſein Menſchenrecht, zu eſſen, einbüßt oder auf⸗
giebt, der zu einer gewiſſen Zeit, oder von einer
gewiſſen Speiſe nicht gerade eſſen mag, oder darf.

Wahr iſt es allerdings, daß Rede⸗ Schreib⸗
und Preßfreyheit ſehr ſchätzbare Dinge ſeyen.
Allein daraus folgt nimmermehr, daß dieſelben
in keinem Fall in Ordnung und Schranken ge⸗
halten, ſondern denſelben ein ganz uneingeſchränk⸗
ter Lauf gelaſſen werden müße. Denn auch die
Freyheit ſich ſeiner Nothdurft zu entledigen, iſt

etwas ſehr ſchätzbares, da man durch allzulange
Zurückhaltung! derſelben ſich eine Krankheit und
wohl gar den Tod zuziehen kann; es iſt auch ein
Menſchenrecht, und zwar in einem weit höhern
Grade als das Recht zu reden, indem man noch
keinen Fall hat, daß Jemand, der dieſes leztere
Recht nicht nach Gutdünken ausüben konnte,
darüber geborſten, oder auf eine andere Art um=
gekommen ſey. Dennoch würde es unanſtändig
ſeyn, die Natur, wie Diogenes, auf offnem
Markt zu erleichtern; und wer es in dem Zim=
mer eines andern vornehmen wollte, würde mit
dieſem ſeinem Menſchenrecht übel ankommen.
Alle unſere Rechte, und unter dieſen auch die
Preßfreyheit, haben ihre Gränzen, über welche
ſie nicht hinausgehen dürfen. Sie hören auf
Rechte zu ſeyn, wann ihre Ausübung zur Be=
leidigung andrer Leute gereichen würde.

Oft giebt man nicht einmal einen ſolchen
Beweis im Allgemeinen, ſondern hilft ſich durch
bloße Wendung, welche die Stelle des Bewei=
ſes vertretten ſoll; indem man denen, welche
an den vorgebrachten Aeußerungen zweifeln, ei=
nen derben Verweis giebt, oder ſie recht herz=
lich auslacht. Man erklärt ſie für Heuchler,
die wegen ihres Standes, aus Eigennutz, oder
aus knechtiſcher Schmeicheley gegen die Großen'

die ſonnenklarſten Wahrheiten wider ihre eigne
Ueberzeugung allen Eingang bey andern zu ver=
ſperren ſuchten. Man belegt ſie im Gegenſatz
auf die Erleuchteten oder Illuminaten, mit dem
Nahmen der Verfinſterer oder Obſcuranten, wo=
mit einige catholiſche Schriftſteller anfänglich
die Jeſuiten, vornemlich in Augsburg, benenn=
ten, welches ihnen die Aufklärer, die ſich für
die einzigen Edeln im Lande ausgeben, nach=
machten, und alle übrigen rechtſchaffne Leute,
welche ihre Lichtleins nicht für ein wahres Licht
gelten, noch ſich damit unter die Naſe fahren
laſſen wollten, mit dieſem Nahmen zu brand=
marken ſuchten. Wo dieſes nicht wohl thunlich
war, da nennte man ſie Pinſel, zu welchen noch
nicht der kleinſte Strahl von Aufklärung, noch
kein Schimmer der Vernunft durchgedrungen ſey.
Der unter den Illuminaten ſo berühmte Freyherr
von Knigge, erfand ſo gar einen eignen Pinſel=
Orden, in welchem Er, gleich als wenn er Groß=
meiſter deſſelben geweſen wäre, allen denjenigen
einen Platz anwies, welche über Religion, Staat,
franzöſiſche Revolution und dergleichen, nicht
wie Er und ſeine Affiliirten dachten; wenn ſie
ſich gleich durch Schriften bey dem ganzen Pub=
lico als einſichtsvolle und ſelbſt denkende Män=
ner legitimirt, und wohl gar ſelbſt von manchen

Leuten, freylich noch, ehe dieſe Mitglieder des
großen Bundes geworden waren, Lob erhalten
hatten, von welchen ſie jetzo allenthalben als
Schaafsköpfe verächtlich gemacht, oder als Leute, die aus unlautern Abſichten handelten, an-
geſchwärzt werden.

Da nun niemand gerne Verweiſe ließt, oder
vor dem ganzen Publico ausgelacht iſt; niemand
gern unter die Zahl ſchlechter und niederträchti-
ger Leute, unter die Zahl der Dummköpfe und
Heuchler gerechnet iſt: ſo erlangen die Theilhaber des großen Bundes dadurch immer ſehr viel,
indem mancher auf ihre Seite tritt und mitheult,
wenn ſie und ihre Affiliirten heulen; oder ſich zu-
rückzieht, ganz ſtille und unthätig ſich verhält,
und die Schreyer machen läßt, was ſie wollen,
ob er gleich reden könnte und ſollte: wie ſo manche unſerer damaligen Theologen ſich dieſes Feh-
lers ſchuldig gemacht haben, als der Unfug der
Schriftverdreher und Religionsſtürmer ſeinen Anfang nahm.

Man müßte ein Buch, ein großes Buch ſchreiben, wenn man alle Kunſtgriffe, Sophiſtereyen
und Chicanen angeben wollte, deren ſich die falſchen Aufklärer unſerer ſo ſehr geprieſenen Zeiten
bedienen, um ihre Abſichten zu erreichen, die
Wahrheit zu verdrängen, und dagegen ein ver-

führeriſches Irrlicht aufzuſtellen. Es ſey daher
mit denen genug, die hier angeführt worden.
Nur iſt zu bemerken, daß man die nemlichen
betrügeriſchen Künſte auch alsdenn anwendet,
wenn man die gegenſeitigen Behauptungen oder
Einwendungen anderer ehrlicher und wahrheits=
liebender Männer, woran es doch nie ganz ge=
fehlt hat, widerlegen will, und gewiſſermaßen
widerlegen mußte.

Außerdem bedient man ſich hier auch noch
einiger anderer Mittel. Man läugnet zum Er=
empel das, was die ganze Welt weiß, und als
Wahrheit anerkennt, den Leuten, wie man zu
reden pflegt, vor der Fauſt weg: oder fordert
von längſt ausgemachten, notoriſchen oder aus=
führlich erwieſenen Thatſachen noch immer Be=
weiſe, und ſtellt ſich, als wenn dergleichen nie
gegeben worden wären. So machten es ver=
ſchiedene gegen ihr eignes Vaterland, das ſie
ſchüzt und nährt, übelgeſinnte Journaliſten, auch
manche Schreiber gelehrter Zeitungen, in Betreff
der ſogenannten franzöſiſchen Propaganda, wel=
che zu glauben ſie für Thorheit und offenbaren
Unſinn erklärten. Und doch iſt nichts gewiſſers,
als daß in mehreren Ländern franzöſiſche Emiſ=
ſarien waren, und vornemlich Einheimiſche ſich
dazu brauchen ließen, die bekannten Grundſätze

der Franzoſen beliebt zu machen, und Revolutionen, wo nicht geradezu, anzuzetteln, doch wenigſtens vorzubereiten. Vieler anderer Gründe
hier nicht zu gedenken, z. E. daß man in manchen Gegenden aufrühriſche Flugblätter von allerley, ſelbſt der gröbſten Art, gefunden; ſo iſt
das Kaiſerliche Hof-Ratifications = Decret an
die hochlöbliche allgemeine Reichsverſammlung
zu Regensburg vom 30. April 1793. für ſich
allein ſchon zum Beweiſe hinreichend. Denn in
demſelben werden die eignen Aeußerungen und
Eingeſtändniſſe der franzöſiſchen Miniſter in der
National = Convention wörtlich angeführt. Die
Franzoſen haben dieſes auch nie geläuguet; ſie
rühmen ſich deſſen noch vielmehr, und endlich
ſind auch die Summen, welche auf ſolche Emiſ-
ſarien verwendet worden, öffentlich bekannt geworden. Und deutſche Schriftſteller erlauben
ſich den Frevel, dergleichen Thatſachen, zum
Trutz des Kaiſers und des Reichs, öffentlich zu
läugnen!

Auf die nemliche, man ſollte faſt ſagen, unverſchämte Art, fordern verſchiedne Schriftſteller, noch immer Beweiſe von der Schädlichkeit
und Abſcheulichkeit des Illuminatismus, die
doch längſt gegeben worden! Sie liegen ja der
ganzen Welt vor Augen in den beyden Bänden

der Originalſchriften der Illuminaten, deren
Aechtheit ſo gar die Stifter und Häupter des Or⸗
dens, Spartacus, Philo und Cato in ihren eig⸗
nen Rechtfertigungen anerkannt haben. Noch
offner liegen ſie da in den höhern Graden, wel⸗
che in den Neueſten Arbeiten des Spartacus
und Philo enthalten ſind, (Beleg. VII. S. 44.)
deren Aechtheit noch Niemand angefochten hat.
Selbſt Philo hat ſich in ſeinem Auszug eines
Briefes die Illuminaten betreffend, 8. Leipzig
1794. in der Schäferiſchen Buchhandlung nicht
getraut, dieſe Documente abzuleugnen, ſondern
ſie blos mit Stillſchweigen übergangen, ſich aber
doch ſo ausgedrückt, daß man wohl ſieht, er
müſſe ſie gekannt haben, wie auch in der zwey⸗
ten vermehrten und ſehr erläuterten Ausgabe 8.
1795., die eine Widerlegung jenes Briefes ent⸗
hält, erinnert; und woſelbſt auch die Liſt eines
illuminatiſchen Cenſors in Wien erzählt wird,
(S. 18) der unter dem Vorwand, das Publi⸗
cum könnte von den in den neueſten Arbeiten auf⸗
gedeckten geheimen Jdeen des Illuminatismus
leicht Misbrauch machen, dieſes und andere ähn⸗
liche Werke verboten hat. Dennoch affectiren ſo
manche Schriftſteller eine gänzliche Unwiſſenheit,
gleich als wenn ſie Fremdlinge in Iſrael wären,
und nicht das Geringſte von dem erfahren hät⸗

ten, was in unſern Tagen vorgeht, in der Hof=
nung. das Publicum werde ſo einfältig ſeyn,
ſich durch dergleichen Vorſpiegelungen blenden
zu laſſen, worinn ſie ſich jedoch am Ende betrü=
gen werden, da es noch immer Männer giebt,
welche die ſehenden Augen des Publicums, denn
weiter bedarf es nichts, auf dergleichen Gegen=
ſtände hinzurichten ſuchen. Man ſehe auch die
Fragmente zu der Biographie des geheimen Raths
Bode S. 129. u. f.

Meiſtens aber ſucht man ſich kürzer zu hel=
fen, da das Widerlegen beſchwerlich, oft auch
mißlich iſt. Man nimmt ſchlechterdings keine
Notiz von dem, was bereits gegen eine Behaup=
tung geſagt worden iſt, und wiederholt dage=
gen die vorigen Sätze, Gründe oder vielmehr
Sophiſtereyen, Verweiſe, Spöttereyen und Grob=
heiten gegen Anderſtgeſinnte, bald mit den nem=
lichen, bald mit veränderten Worten, ſelbſt in
Schriften, wo man es gar nicht erwarten ſollte,
bey allen nur möglichen und herbeygezogenen Ge=
legenheiten, bald ſelbſt in Perſon, bald durch
Andre, die man dazu beſtellt hat. Und ſo wird
dann ein ſolches lautes und allgemeines Geſchrey
erhoben, daß endlich der große Haufe der Leſer
betäubt, und gutherzige Leute, die nicht wiſſen,
wie man dergleichen Sachen eingefädelt hat,

verleitet werden, ſich endlich einzubilden, was
ſo oft und von ſo viel Seiten her verſichert wird,
müſſe dann doch wohl wahr ſeyn.

Hier kommen dann die Recenſenten ſtattlich
zu Hülfe: denn ohne ſie würden die Schriftſtel=
ler ſelbſt ſo viel nicht ausrichten können. Die
Männer des großen Bundes ſuchten daher, ſich
ihrer zu bemächtigen und ſie auf allerley Art in
ihr Intereſſe zu ziehen. Dieſes war gleich ur=
ſprünglich Maxime, (Beleg VII. S. 44.) und
von dem Jahr 1782. fieng es an merklich zu
werden, daß die meiſten Journale und gelehr=
ten Zeitungen auf Einen Ton ſtimmten, und
ſich in ihren Urtheilen, Ausdrücken, Floskeln
und dergleichen der Allgemeinen deutſchen Bib=
liothek immer mehr näherten; welches von Jahr
zu Jahr immer ſichtbarer, und endlich ganz hand=
greiflich geworden iſt.

Da man nun heutiges Tages mehr Journale
und gelehrte Zeitungen, als Bücher ſelbſt, und
ungleich mehr ließt, als in den vorigen Zeiten;
ſo iſt ſehr begreiflich, wie weit ſich die Würkung
der periodiſchen Schriften erſtrecken könne. Die
Recenſenten haben hier mancherley Mittel. Sie
verſchweigen die dem Strohm entgegengeſezten
Bemühungen und die Bücher, worinn die Mey=
nungen, welche herrſchend gemacht werden ſollen,

beſtritten werden, gänzlich; welches nicht nur
das leichteſte iſt, ſondern wodurch auch immer
ſo viel gewonnen wird, daß ſolche Bücher nicht
hinlänglich bekannt werden. Sie ſind alſo die
wahren Obſcuranten, ſo gerne ſie auch andre
wackre Männer mit dieſem Nahmen belegen. Es
hält bey den meiſten Redacteurs gelehrter Zei=
tungen hart, daß ſie die Bücher, welche ihnen
die Verleger gratis und nicht ſelten mit einem
beygelegten Douceur pro ſtudio et labore zuſchi=
cken, nur anzeigen, wenn dieſelben ihren Aufklä=
rungs = Grundſätzen nicht gemäß ſind. Es hält
hart, daß eine bloße Anzeige ohne alles Lob in
ein Intelligenzblat für baares Geld eingerückt
wird, wenn gleich vermöge der Natur der Sache
und der urſprünglichen und ſelbſt angekündigten
Abſicht eines ſolchen Blats daſſelbe einem jeden,
zumahl wenn er niemanden angreift, offen ſtehen
ſollte (Beleg VIII. S. 55.). Selbſt politiſche
Zeitungsſchreiber, welche manchmal gelehrte Sa=
chen in ihren gemeiniglich ſehr koſtſpieligen Aver=
tiſſements anzeigen, machen Schwierigkeiten,
den bloßen Titel eines Buchs anzumelden, wenn
ſie nur die geringſte Vermuthung haben, der In=
halt deſſelben möchte dem Aufklärer = Syſtem
und den Abſichten der Erleuchteten Obern ent=
gegen ſeyn.

Wenn aber das bloße Schweigen nicht für hinlänglich geachtet wird, weil das Buch etwa doch anfängt bekannt und geleſen zu werden: ſo machen ſich dann die Recenſenten endlich an das Buch ſelbſt, und würdigen es ſolchergeſtalt herab, daß das ehrliche und gutmüthige Publicum, welches größtentheils eine ſclaviſche Hochachtung gegen dieſe Leute hat, und ſich von den geheimen Recenſier = Künſten nichts träumen läßt, von dem Leſen des Buches ſelbſt, und noch mehr von dem Ankauf deſſelben abgeſchreckt wird. (Beleg VIII. S. 55.). Es gab zwar zu allen Zeiten Stümper, welche aus Unkunde der Sachen manchmal eine ſchiefe Vorſtellung von dieſem oder jenem Buch machten. Es gab ihrer wohl auch, welche aus andern Urſachen einem Autor oder Verleger abgeneigt waren, und dieſelben bey Erſcheinung einer Schrift ihren Unwillen fühlen ließen. Aber ſo allgemein war dieſes nicht, als in unſern Zeiten, wo ſo viele Recenſenten bereits im Voraus eine gewiſſe Feindſchaft gegen dieſe oder jene Materie hegen, und nun den Verfaſſer oder Verleger einer Schrift, gegen welche ſie im Grunde weiter nichts haben, als daß der Eine gerade über eine ſolche Materie geſchrieben, und der andre die Schrift gedruckt hat, bey Gelegenheit derſelben feindſelig

behandeln. In ihren Augen iſt es ohne weiters
ſchon ein Verbrechen, wenn ſich ein Schriftſtel=
ler einfallen läßt, den göttlichen Urſprung der hei=
ligen Schrift und der chriſtlichen Religion zu be=
haupten, gewiſſe charakteriſtiſche Lehren derſel=
ben zu vertheidigen, den Regenten noch einige
Rechte über Religion, über die Preſſe und der=
gleichen einzuräumen, deiſtiſche oder anarchiſche
Grundſätze zu mißbilligen oder in ihrer Blöße
darzuſtellen, und alſo das große Werk, das
die Welterleuchter vorhaben, Religion und Staat
umzukehren, nicht befördern, ſondern wohl gar,
ſo viel an ihnen iſt, hindern will. Er mag als=
dann ſagen, was er will; ſo muß er Unrecht
haben. Er wird zwar nicht widerlegt, denn da=
für hüten ſich die Herren beſtmöglichſt; aber er
wird getadelt. Man übergeht die Beweiſe, die
er vorgebracht hat, mit Stillſchweigen; man
ſchiebt ihm Sachen unter, die er nicht geſagt
hat; man reißt Stellen aus dem Zuſammenhang
heraus, und giebt ihnen eine ſolche Wendung,
daß der Verfaſſer in einem ganz falſchen Licht er=
ſcheint. Man wirft ihm Unwiſſenheit vor, die
man ihm angedichtet hat; man beſchuldigt ihn
unlauterer Abſichten; man ſchildert ihn als einen
Feind aller Aufklärung, Vernunft und Denk=
freyheit.

Dieſes alles that zwar die Allgemeine deut=
ſche Bibliothek ſchon von Anfang her, erſt glimpf=
licher, nachher aber und von Zeit zu Zeit im=
mer gröber. Allgemein aber geſchahe es ungefähr
vom Jahr 1782 an, wo die meiſten Recenſenten
in den Ton miteinſtimmten, den die Bibliothek
angegeben hatte, und die Schriftſteller, die nicht
in das große Horn mit einblaßen wollten, vor=
nehmlich auf eine wegwerffende Art, die ſonſt
nicht erhört worden, behandelten, verächtlich
machten, und mit den ſchimpflichſten Beywör=
tern belegten, welches nun ſo weit gekommen iſt,
daß man in mancher aus ein paar Blättern be=
ſtehenden Recenſion wohl zwanzig und mehrere
Schimpfwörter und erniedrigende Ausdrücke bey=
ſammen findet. Aus welcher Urſache dieſes
ſchändliche Betragen der Recenſenten ſo allge=
mein geworden ſey, merkte man zwar bey Er=
ſcheinung der Originalſchriften der Illuminaten
und des Nachtrags derſelben ſchon ziemlich;
aber noch deutlicher wurde es, als die höhern
Grade derſelben in den Neueſten Arbeiten des
Spartacus und Philo 1793. gedruckt erſchienen.
Denn darinn fand man folgende zwey Geſetze:
„Wenn ein Schriftſteller in einem öffentlichen
gedruckten Buch Sätze lehrt, die, wenn ſie auch
wahr ſind, noch nicht in unſern Welterziehungs=
plan

plan paſſen, ſondern zu frühe kommen, ſo ſoll
man den Schriftſteller zu gewinnen ſuchen, oder
ihn zu verſchreyen; und: Es muß dafür geſorgt
werden, daß die Schriften unſerer Leute auspo-
ſaunt werden (Beleg VII. S. 44.). Beydes iſt
dann auch ſeit jenem Zeitpunkt unabläßig geſchehen, und geſchieht noch. Daher iſt es auch
leicht zu erklären, warum gute Schriften, die
der Religion und der bisherigen Verfaſſung der
Staaten das Wort reden, faſt durchgehends herabgewürdigt, dadurch außer Curs gehalten,
und ſomit immer ſeltner werden. Wogegen die
elendeſten und giftigſten Wiſche gegen Chriſtenthum und Fürſten, die ſchändlichſten Pasquille
nicht blos auf Gelehrte, ſondern auch auf Obrigkeiten, Regierungen, Könige, Kayſer und Reich
faſt allenthalben angerühmt und verbreitet, und
ſo mit abſcheuliche Grundſätze in die Leſer ⸗ Welt
ausgeſtreut werden, die in kurzer Zeit weiter um
ſich wurzeln, und am Ende nicht mehr auszurotten ſeyn werden.

Was nun die Autoren verderblicher Schriften und ihre Recenſenten nicht vermögen, das
treiben diejenigen unter den Buchhändlern durch,
welche Theilhaber des großen Bundes ſind,
oder von demſelben regiert werden. Denn ſo
wenig man alle Schriftſteller oder alle Recenſen-

D

ten als Bundesgenoſſen anſehen wird, eben ſo wenig
wird es ſich Jemand einfallen laſſen, das Nem=
liche von allen Buchhändlern zu behaupten. Ael=
tere und erfahrene Männer, die ſich ihres eigent=
lichen Zwecks bewuſt ſind, und ihr Geſchäfte
hinlänglich kennen, ſehen, wie alle verſtändige
Kaufleute, blos auf das Mercantiliſche, ſind
unbekümmert um den Inhalt des Buchs, wenn
es nur Abgang findet, ſind gegen gewiſſe Ma=
terien nicht an ſich ſelbſt ſchon eingenommen, ſon=
dern ſuchen ihren Vortheil, da wo ſie ihn finden
können. Aber junge, des Laufs der Welt noch
nicht genug kundige Männer, laſſen ſich leicht
verführen; zumahl wenn die Gelehrten ihnen
ſchmeicheln, woran es dieſe denn auch nicht er=
mangeln laſſen, wenn ſie dieſelben brauchen wol=
len. Daher behagt es ihnen ſehr, wenn auch
ſie eine Stelle unter den Aufklärern erhalten kön=
nen; was angeſehene Männer, vornemlich die=
jenigen unter ihren Collegen, welche durch ihre
Einſichten, durch ihr ſtarkes Verkehr, oder durch
ihren Reichthum Gewicht haben, und über ihres
Gleichen hervorragen, ihnen nur immer vorſpre=
chen, das glauben ſie; es ſchmeichelt ihnen, mit=
unter die Beförderer oder gar Säulen der Auf=
klärung, ſo wenig ſie auch von der Sache ſelbſt
verſtehen, ſich rechnen zu dürfen; und ſo gehen

ſie aus dem Mercantiliſchen heraus, urtheilen
über den innern Werth der Schriften, verachten
oder loben, was ihre Anführer, in deren Hän⸗
den ſie als Inſtrumente gebraucht werden, für
ſchlecht oder gut erklären, weiſen Sachen von
ſich, die ſie mit Vortheil hätten unternehmen
können, opfern dieſen Vortheil gegen die vermeynt⸗
liche Ehre, an dem großen Werk der Aufklä⸗
rung mitzuarbeiten, gerne auf, achten einen
würklichen Schaden geringe, und ſchreiben wohl
ſelbſt Traktätgen zur Beförderung der Aufklä⸗
rung, in der Meynung, daß weil Nicolai Bü⸗
cher ſchreiben kann, und zugleich Buchhändler
iſt, ſie es darum nun auch könnten.

Indeß haben dieſe Leute viele Mittel in Hän⸗
den, gute Bücher zu unterdrücken, und eben ſo
wohl als die Recenſenten die Rolle der Obſcuran⸗
ten zu ſpielen. Bücher, die ſie nicht verbreitet
wiſſen wollen, ſetzen ſie nicht in ihre Verzeichniſſe,
und ſo erfahren gar manche Bücher⸗Liebhaber,
die ſonſt keine Mittel wiſſen, nichts von ihrer
Exiſtenz. Wenn jedoch darnach gefragt wird,
ſo läugnen ſie, daß ſie dieſelben haben oder be⸗
kommen können; vernemlich, wenn es Zeit⸗
ſchriften betrifft, welche die Häupter des Bun⸗
des gerne außer Cours halten möchten, oder von
welchen es noch ungewiß iſt, ob ſich dieſelben

zu der Aufklärer-Parthey ſchlagen dürften (Beleg XV. S. 108.). Sie laſſen auch wohl Bücher,
die ihnen andre in der Zwiſchenzeit zugeſchickt
haben, bis zur nächſten Meſſe liegen, oder ſchi-
cken ſie wohl gar gleich auf der Stelle zurück,
unter dem Vorwand, daß Niemand nach denſelben gefragt habe, daß Sachen dieſer Art bey
ihnen nicht geſucht würden, und ſie alſo dieſelben nicht gebrauchen könnten (Beleg VIII. S.
54. 57. XIII. S. 88. 92. VI. S. 43.).

Dieſes Manoeuvre bemerkte man bereits in
den Jahren 1787 und 1788. wo die Originalſchriften der Illuminaten, das Königl. Preußiſche Religionsedict und die deutſche Union zum
Vorſchein kamen (Beleg VIII. S. 52.). Jezt
weiß man auch, woher daſſelbe ſeinen Urſprung
genommen hat, nemlich von eben dieſer Union,
und von den Illuminaten, welche hinter derſelben ſtanden. Denn dieſe hatten gleich anfangs
und bereits im Jahr 1782 die Maxime, die Buchhändler in ihr Netz zu ziehen, wie man aus den
mehrmals angeführten Neueſten Arbeiten des
Spartacus und Philo von 1793. erſehen kann
(Beleg VII. S. 45.), und aus denen bekannt
gewordnen Statuten der deutſchen Union erhellt
ſolches unwiderſprechlich (Beleg VIII. S. 58.).
Buchhändler giengen gar ſo weit, den Autoren

vorzuſchreiben, daß dieſe oder jene Materie nicht
vorkommen, und z. E. nichts wider die Vernunftreligion in dem Buch enthalten ſeyn ſollte
(Beleg VIII. S. 56.).

Die übrigen, die an dieſem Unweſen keinen
Theil hatten, muſten dem ungeachtet furchtſam
werden, wenn ſie ſahen, daß manche Dinge nicht
gehen wollten, daß die Recenſenten Schriften
über gewiſſe Materien beſtändig heruntermach-
ten, gewiſſe Autoren, auch ſelbſt alsdann tadelten, wenn ſie gleich andere Materien behandelt
hatten; und noch mehr, wenn ſie ſahen, daß
ihre eigne Collegen manche Sachen, vornehmlich
ſolche, worinn die hergebrachten Religionen und
Staatsverfaſſungen vertheidigt, oder gegen gewiſſe modiſch-gemachte Grundſätze Einwendungen vorgebracht wurden, ihnen nicht abnehmen
wollten, oder gar brevi manu zurückſchickten.
Was konnten dieſe ehrliche Männer, wenn ſie
nicht offenbaren Schaden leiden wollten, anderſt
thun, als daß ſie keinen Verlag mehr von ſolchen Schriften, welche die Aufklärer, nun einmal gebrandmarkt hatten und unterbrückt wiſſen
wollten, weiter mehr übernahmen; wodurch es
dann ſo weit gekommen iſt, daß es wohlgeſinn-
ten Gelehrten hart hält, für gute religiöſe und
politiſche Schriften Verleger oder auch nur Com-

mißionaires zu finden. Das ſchlimſte iſt, daß
redliche Männer, die weder mit einſtimmen, noch
ſich regieren laſſen wollen, ſo gar wegen ihrer
übrigen Verlags-Artickel, wenn ſie gleich keinen
Bezug auf Religion und Staat haben, befürch=
ten müſſen, von den verbündeten Recenſenten
mißhandelt und beſchädigt zu werden, indem die=
ſe doch immer ſehr viel zum Fortgang oder zur
Hemmung eines Buchs beytragen können. We=
nigſtens hat man ſchon ein Exempel, daß einem
Schriftſteller von Verlegern zugemuthet worden,
er ſolle nichts wider die Allgemeine deutſche Lit=
teraturzeitung einfließen laſſen (Beleg V. S. 36.).
War dieſes nicht eine Folge der Theilnahme an
dem großen Bund, ſo war es zum wenigſten
Furcht vor der der Allgewalt der Recenſenten.
Wo es aber bey dieſer Deſpotie, deren ſich die
Verbündeten über den Buchhandel angemaßt
haben, am Ende mit demſelben hinauskommen
werde, iſt nicht ſchwer vorauszuſehen (Beleg XIII.
S. 92.). Die Buchhändler werden, wenn ſie
dieſes Joch nicht bald abſchütteln, zulezt bloße
Knechte werden, die ohne Erlaubniß der Ver=
bündeten, weder Hände noch Füße regen dürfen.
Die Verbündeten aber werden den ganzen Han=
del nach und nach an ſich allein ziehen, und alle
andere ehrliche Leute auf das Trockne ſetzen, wie

es ohnehin die deutſche Union ſchon vorhatte
(Beleg VIII. S. 58.).

Daß die Wiſſenſchaften ſelbſt von allen dieſen
Operationen einen unendlichen Schaden haben wer=
den und müſſen, bedarf gar keines Beweiſes. Wenn
es noch ein Paar Jahre ſo fort geht, ſo kommt in
Religions = und Staatsmaterien keine einzige gute
Schrift mehr zum Vorſchein oder ins Publicum,
und wir verſincken in eine Barbarey, die abſcheu=
licher iſt, als eine jede andre, weil den falſchen
Gründen und Sophiſtereyen, die jetzo in allen Ar=
ten von Schriften mit vollen Händen ausgeſtreut
werden, keine andre Schriften mehr entgegengeſezt,
oder dieſe wenigſtens nicht in Umlauf gebracht wer=
den, und alſo Niemand mehr den andern Theil auch
hören kann; wodurch dann das Publicum endlich da=
hin geführt wird, wo dieſe Demagogen und Monopo=
liſten, dergleichen es in dem Reich der Gelehrſamkeit
gar nicht geben ſollte, es hingebracht wiſſen wollen.

Die Leſegeſellſchaften wären ein herrliches
Mittel, wahre Aufklärung zu befördern, weil
man darinn ſo manches Buch zu ſehen bekommt,
ſo manche Schrift um ein geringes Geld leſen
und benutzen kann, und andere gelehrte, erfahr=
ne, auch wohl gereiſete Männer antrift, mit
welchen man ſich ſowohl über das Geleſene, als
auch über andere Dinge allerley Art unterreden

und ſomit ſeine Kenntniſſe erweitern und befeſti=
gen kann. Aber gerade dieſe Leſegeſellſchaften,
welche durch die geheimen Bemühungen der Illu=
minaten häufig angelegt wurden, weil ſie ſich
damit decken und herausreden konnten (Beleg
VII. S. 45. und VIII. S. 52. 58.) wurden auch
gleich von ihnen vergiftet. Sie bedienten ſich ih=
rer als Pflanzſchulen, um die Leute kennen zu
lernen, ſie an ſich zu ziehen, und ihnen ihre
Grunſätze nach und nach beyzubringen; wozu
dann junge, unerfahrne, und von jugendlichem
Stolz geplagte Leute, die eben daher einer je=
den Neuerung, die ihnen ſchmeichelt, fähig ſind,
vornehmlich angeführt wurden. Sie bedienten
ſich ihrer auch noch dazu, daß ſie dadurch man=
che Nachrichten und Meynungen, die ſie ausge=
breitet wiſſen wollten, unter die Leute und ſtuf=
fenweiſe bis unter das Volck brachten, und be=
liebt zu machen ſuchten.

Daher ſtehen immer einige ältere Glieder hin=
ter dem Vorhang, empfehlen die Schriften, die
in ihren Kram dienen, laſſen keine hinein, die
ihnen mißfällig ſind, oder wenn ſich dergleichen
doch einſchleichen, ſo ruhen ſie nicht, bis ſie ſol=
che wieder verdrängt haben, indem ſie dieſelben
verächtlich machen, oder wenn es Journale ſind,
vorgeben, ſie hätten aufgehört, ſeyen nicht mehr

zu bekommen, oder verläugnen ſie, wenn ſie ſol=
che gleich ſelbſt in Händen haben. Sie dirigi=
ren den Buchhändler, welcher die Geſellſchaft
mit Schriften und Journalen verſorgt; und wenn
derſelbe aus mercantiliſchen Gründen nicht im=
mer folgen will, ſo wiſſen ſie es bey den jüngern
Mitgliedern, die gemeiniglich die gröſte Zahl
ausmachen, und aus Unbeſonnenheit glauben
und mitſchreyen, wenn die Directoren aus einem
impoſanten Ton ſprechen, gar bald dahin zu brin=
gen, daß Schriften, die ſie nicht leiden wollen,
wieder ausgemuſtert werden; wenigſtens unge=
leſen liegen bleiben. Ihre Abſichten erreichen
ſie denn auch gemeiniglich, weil ſie ohnehin ſchon
an das Geheimthun gewöhnt ſind, und ſich we=
nigſtens vor den jüngern Mitgliedern meiſterlich
zu verbergen wiſſen. Dieſe laſſen ſichs dann
nicht träumen, daß ſie von andern als Maſchie=
nen bewegt, oder als dürre Stäbe in fremden
Händen gebraucht werden. Sie ſprechen dasje=
nige nach, was ſie gehört, oder in den ſogenann=
ten beliebten Journalen kurz vorher geleſen ha=
ben, und wenn ſie ſehen, daß niemand von den
anweſenden älteren Gelehrten widerſpricht, ma=
chen ſie den Kenner, oder gar den Poltron, und
ſprechen aus einem hohen Ton, als wenn ſie
alles verſtünden, alles ſelbſt gedacht hätten.

Denn die Nachbeter machen überall den größten
Haufen aus, ob ſie ſich gleich die Miene der
Selbſtdenker zu geben ſuchen. Und ſo wird es
dann begreiflich, wie es zugeht, daß ſo manche,
zum Theil ungereimte, zum Theil gefährliche,
und dem Staat und der Religion meiſtens gleich
nachtheilige Meynungen in einer ſo kurzen Zeit
ſo überaus weit verbreitet, und faſt herrſchend
gemacht werden können; weswegen es höchſt
nöthig wäre, daß alle Obrigkeiten nach dem Ex=
empel der Chur=Braunſchweigiſchen Regierung
laut ihrer Verordnung vom 19. December 1793.
dergleichen Geſellſchaften einer genauen Policey=
Aufſicht unterwerfen möchten.

Wer dieſes alles; wer den heutigen Zuſtand
unſrer Litteratur gehörig überlegt und die po=
litiſchen und religiöſen Grundſätze und Meynun=
gen, die ſchon herrſchend ſind, oder es in kur=
zem werden müſſen, in Betrachtung zieht; der
muß nothwendig auf Eine Alles dirigirende Ur=
ſache hingeführt werden; als ohne welche eine
ſolche Einſtimmung, die man unter dem größten
Theil der Schriftſteller, der Recenſenten, der
Buchhändler, und der ſogenannten Leſerwelt,
würklich bemerkt, ſich nicht gedenken läßt. Es
iſt daher der große, unſichtbare und geheime
Bund, deſſen ſchon mehrere Schriftſteller von

Zeit zu Zeit Erwähnung gethan haben, (S. die
Belege) keine Schimäre, ſondern leider! etwas
würkliches; ſo ſehr auch die Führer in demſelben
ſichs angelegen ſeyn laſſen, die Exiſtenz deſſelben
zu läugnen.

Denn es iſt ſehr natürlich, daß ſie in ihren
eigennützigen und herrſchſüchtigen Abſichten, wo=
rauf zulezt alles hinausläuft, nicht gerne geſtört
ſind; und je weniger das Publicum hiervon weiß,
deſto leichter können ſie in ihren Operationen fort=
fahren. Daher läugnen ſie bald ſelbſt in eigner
Perſon, bald durch ihre Affiliirten alles friſch
weg, wenn es gleich noch ſo ſehr am Tage liegt.
Zugleich geben ſie alle ehrliche Männer, welche
das Publicum von ſolchen wichtigen Angelegen=
heiten zu belehren ſuchen, bald für milzſüchtige
Träumer, Geſpenſterſeher, und Viſionaires,
(Beleg XII. S. 85.) bald aber auch für hämi=
ſche Böſewichter aus, welche andere unſchuldige
Leute, die kein Wäſſerchen getrübt haben ſollen,
nur zu kränken und zu verfolgen ſuchten; wobey
ſie es dann weder am Perſifliren, noch am Schim=
pfen ermangeln laſſen, und wenn ſie ſich nicht
weiter zu helfen wiſſen, ſich darauf zu beziehen,
daß ſolche Männer bereits als verächtliche Leu=
te in dem Publico bekannt ſeyen, vor welchem
ſie dieſelben freylich in Schriften mancherley Art,

vornemlich aber in Journalen, nach Illumina=
ten = Manier und Kunſt bereits vorher ſelbſt ver=
ſchrieen haben und noch verſchreyen.

Auf dieſe Art hat man ſchon in den frühern
Zeiten der Allgemeinen deutſchen Bibliothek
alle diejenigen behandelt, welche das Publicum
auf die verdächtigen Grundſätze derſelben auf=
merkſam machen wollten. Man hat ſie bald
als einfältige Pinſel lächerlich zu machen, bald
aber und meiſtens als neue Inquiſitoren zu brand=
marken, und ſeit ungefähr 1782. (Beleg XII.
S. 77.) ſammt und ſonders als heimliche Jeſui=
ten verdächtig und verhaßt zu machen geſucht;
welches dann jeder Minervalknabe, der Illumi=
naten, und jeder Gallopin des großen Bundes=
Heeres noch jetzo fleißig zu widerholen pflegt.
Man hat ſie für Friedensſtörer ausgegeben,
welche Obrigkeiten und Unterthanen zu entzweyen
ſuchten, weil ſie das Publicum für Leuten warn=
ten, die dieſe Abſichten, die man aber nicht ger=
ne aufgedeckt haben wollte, würklich hatten.
Man hat ſie als unzeitige Lärmblaſer und Feuer=
rufer, als blinde Eiferer abgeſchildert, um das
Publicum gegen ſie einzunehmen, damit daſſel=
be ihnen nicht glauben, und das Vorhaben der
Aufklärer und Welterleuchter nicht bemerken ſoll=
te; und dagegen Feuer gerufen, wo es würklich

nicht brannte, um die Aufmerkſamkeit des Publicums anderſtwohin zu lenken, wie unter andern
auch diejenigen gethan haben, die das ungegrün-
dete Geſchrey von Kryptokatholicismus und heimlichen Jeſuitismus unter den Proteſtanten erhoben haben, von welchem man nunmehr weiß,
was für Abſichten damit erreicht werden ſollten.
(Beleg XI. S. 78.) Durch dieſe häßliche Kunſtgriffe hat man manche rechtſchaffne Männer zulezt zum Stillſchweigen gebracht: ſo wie man
auch Journale z. E. die Wiener Zeitſchrift
(Beleg XIII. S. 94.) dadurch außer Curs zu
ſetzen gewußt hat; welches noch an mehrern z. E.
an dem Wiener Magazin der Kunſt und Litteratur probirt worden (Beleg XIV. S. 101.)
und mit welchen Manoeuvres man noch beſtändig
fortfährt.

So ungegründet nun die Beſchuldigungen
von Stöhrungen des Friedens und dergleichen
würklich ſind, womit man biedern Schriftſtellern
alles Anſehen und allen Einfluß zu benehmen
trachtet; ſo thun ſie doch gemeiniglich große
Würkungen, inſonderheit bey Regenten und Mi-
niſtern. Die Großen leſen zu wenig ſelbſt, und
oft nicht einmal die Sachen, die eigends für ſie
beſtimmt ſind; auch hören ſie nicht gerne unangenehme Nachrichten aus dem Lande. Was Wun-

der alſo, wenn ſie dergleichen Beſchuldigungen
ihren Favoriten, die ſo gerne unangenehme Din=
ge von ihnen entfernt zu halten ſuchen, treuher=
zig glauben, und den Schriftſteller, welcher ver=
drießliche Sachen vorbringt, für einen Ruhe=
ſtörer halten? (Beleg XII. S. 85. XVIII. S.
122.) Es wird eben nicht ganz ohne Grund, als
ein Hauptvortheil der Preßfreyheit geprieſen,
daß gerade die Regenten vermittelſt derſelben
von allerley Dingen unterrichtet werden könnten,
die ſie ſonſt ſo leicht nicht zu erfahren pflegten.
Aber was nüzt ihnen Preßfreyheit und Publici=
tät, wenn ſie nichts ſelbſt leſen, und ſich, wenn
es hoch kommt, aus Schriften von andern Leuten
referiren laſſen, und dieſe ſagen können, was ih=
nen beliebt? Wie leicht gerathen ſie an die un=
rechten Männer, welche ihre Abſichten haben,
daß die Herren nichts, oder nicht mehr erfahren
ſollen, als was ſie für gut finden, ſie wiſſen zu
laſſen? Wenn ſie einen Cato, oder Amelius,
über den Inhalt und Werth der Neueſten Arbei=
ten des Spartacus und Philo in dem Illumina=
ten-Orden oder ähnliche Schriften befragen:
kann man erwarten, daß ſie eine andere Ant=
wort erhalten werden, als: daß der Illumi=
natismus ganz unſchuldig, und was man ſei=
nen Gliedern und Anhängern nachſage, blos

aus Bosheit erdacht worden ſey? Wie leicht
könnten ſie ſich doch ſelbſt belehren? Wollten
ſie das gedachte Buch nur eine halbe Stunde
durchblättern, nur ein Blat der Vorrede, die
Fragen fornen im Prieſtergrab, und ein Paar
Blätter der hinten angehängten Geſchichte ſelbſt
leſen: ſo würden ſie bald ſehen, wie viel dazu ge=
höre, die Nachrichten und Documente, die es
enthält, für Verläumdungen zu erklären, und
ſolches zu beweiſen. Wollten ſie ſich die Mühe
geben, nur einige der gangbarſten Journale mit
flüchtigen Blicken zu überſehen: ſo würden ſie
gar bald gewahr werden, was für Grundſätze
unter das Volk ausgeſtreut werden. In Wahr=
heit, die Schriftſteller, die Journaliſten, und die
Schreiber nicht nur an politiſchen, ſondern auch
an gelehrten Zeitungen, ſind die unbedeutende
Leute nicht, wofür ſie die Großen gemeiniglich
anſehen. Sie haben die Meynungen des Volks
in ihrer Gewalt (Beleg XX. S. 131.) ſie ſtim=
men daſſelbe nach und nach um; und ſelbſt die
geringſten unter dem Volk, die für ſich ſelbſt
nichts leſen, erfahren die nachtheiligen Grund=
ſätze durch andre, die dieſelben geleſen haben,
und ſie ihnen beyzubringen wiſſen. Noch hat
kein General Autoren angeworben, aber ſchon
mancher Autor Soldaten in Menge, heißt es

beym Mallet du Pan. *) Welchen Einfluß die
Schriftſteller auf die franzöſiſche Revolution ge=
habt haben, und noch haben, iſt bekannt, und
zum Ueberfluß noch aus dem Montgaillard **)
zu erſehen. Sie haben zwar die Revolution
nicht hervorgebracht, wie auch noch niemand be=
hauptet hat, ob man gleich nicht unterläßt, ſol=
ches allen denen, welche von dieſem Einfluß ſpre=
chen, auf eine ſophiſtiſche Art Schuld zu geben;
aber ſie haben dieſelbe von geraumer Zeit her,
und vornemlich bey der Zuſammenberufung der
Stände vorzubereiten geſucht; ſie haben bey dem
Ausbruch derſelben die Gemüther erhitzt, und
thun es noch täglich, ob ſie gleich jetzo gemei=
niglich nur gerade für die jedesmalige herrſchende
Parthey ſchreiben, oder ſchreiben dürfen.

Eben ſo geringſchätzig denken auch manche
Miniſter von den Schriftſtellern. Sie haben gemei=
niglich ſo viel laufende Geſchäfte, daß ſie wenig
Zeit, und noch weniger Luſt haben, ſich um an=
dre Dinge zu bekümmern, die ſie ihrer Meynung
nach nichts angehen, weil ſie nicht unmittelbar

　　　　　　　　　　　　　　　　　　in

---

*) Ueber die franzöſiſche Revolution, überſetzt von
　　Genz. S. 187.
**) Der Zuſtand von Frankreich im May 1794.
　　S. 81.

in den Bezirk ihres Departements eingreifen; nicht
zu gedenken, daß ſie die Behauptungen der Schrift=
ſteller, als Stubengelehrten, nur gar zu leicht
für bloſe Speculationen anſehen, die in Praxi
wenig helfen, und alſo, wie ſie durch einen
Fehlſchluß weiter fortraiſonniren, auch wenig
ſchaden könnten. (Beleg XII. S. 85.) Dabey
haben ſie dann oft alle Hände voll zu thun, um
ſich gegen Widriggeſinnte und Neider auf ihrem
Poſten und im Anſehen zu erhalten; ſo daß ſie
einen biedren Schriftſteller, der die Wahrheit un=
verholen ſagt, und den Schaden getreulich auf=
deckt, wenn er ja das Glück hat, ihnen bekannt
zu werden, bald wiederum vergeſſen, oder wohl
gar einer Cabale aufopfern, um dieſe nicht gegen
ſich ſelbſt zu reitzen.

Zum Unglück hat man, um Fürſten und
Miniſter einzuſchläfern, noch allerley künſtliche
Mittel erfunden. Das vornehmſte iſt die Schmei=
cheley, mit welcher man auch die beſten Men=
ſchen hintergehen kann, wenn dieſelben nicht ganz
beſonders auf ihrer Hut ſind. Man giebt vor, daß
es unter einer guten Regierung keine misvergnüg=
ten geben könne; welches dann auch die ſchlech=
teſte Regierung gerne annimmt, und auf ſich an=
wendet, zumal da man ſich dadurch einer genauen
Aufſicht und Wachſamkeit überheben, und man=

E

che Mühe und Anſtalten erſparen kann. (Beleg XII. S. 85. XV. S. 102. u. 107.) Und
doch iſt nichts ungereimter, als dieſes Vorgeben!
Denn es ſetzt voraus, daß alle Menſchen das
Gute auch würklich anerkennen, und ſich weder
durch Vorurtheile blenden, noch durch unlautere
Abſichten oder Leidenſchaften verleiten laſſen werden, das Gute, das würklich da iſt, zu verkennen. Wie viel Leute ſind mit des lieben Gottes Regierung unzufrieden! und doch iſt dieſe
nicht nur in ſich ſelbſt untadelhaft, ſondern auch
alles Misvergnügen und Murren darüber iſt vergeblich. Es ſollte alſo menſchliche Regierungen geben können, mit welchen niemand unzufrieden wäre? Zumahl da ſich keine menſchliche
Regierung gedenken läßt, welche durchaus voll-
kommen wäre. Denn auch bey den beſten und
unabläßigſten Bemühungen weiſer und rechtſchaf-
ner Regenten und Miniſter werden noch immer
manche, oft ſehr beträchtliche Fehler übrig bleiben. Dieſe Fehler einzuſehen, iſt ſo ſchwer nicht;
vornemlich für andre Perſonen, die, wie man
zu reden pflegt, nicht ſelbſt mitſpielen, ſondern
dem Spiel blos zuſehen. Nun glaubt aber
ein jeder, der ſie bemerkt, die Mittel, ſie zu ver-
beſſern oder zu verhüten, ſeyen eben ſo geſchwind
zu entdecken, und leicht ins Werk zu richten.

Wenn alſo die Regierung dieſes nicht thut, nicht
ſogleich, nicht auf die Art thut, wie ſo manche
eingebildete Köpfe es haben wollen: ſo werden
ſie misvergnügt und ſchwürig, und ziehen wohl
andre in die nemlichen Geſinnungen mit hinein.

Es war noch nie ein Staat in der Welt,
worinn ſich keine Misvergnügten gefunden hätten; und es wird auch in Zukunft keinen ſolchen
geben; man mag auch noch ſo viele Ideale von
glücklichen Staaten und weiſen Regierungen er-
ſinnen. Denn Menſchen werden immer Menſchen bleiben! Wenn auch keine gegründete Urſachen zum Misvergnügen vorhanden ſind; ſo
giebt es doch zu allen Zeiten unwiſſende Leute,
die keine Begriffe von demjenigen haben, was
zur Aufrechthaltung der Bürgerlichen Geſellſchaft,
der innern Sicherheit eines Staates und des Wohl-
ſtandes des Ganzen gehört; wie viel beſchwerliche
und oft koſtſpielige Mittel angewandt werden
müſſen, und wie viele Entſagungen auf einzelne
Privatvortheile dabey erforderlich ſind. Wiſſen
ja dieſes ſo manche Gelehrte nicht einmal! Es
giebt allenthalben überſpannte Köpfe, welche ihre
aus ſich ſelbſt geſponnenen Träumereyen gerne
realiſirt ſehen möchten; politiſche Kannengieſſer,
die ſich einbilden, der Staat müſſe nach ihren
Einfällen regiert werden. Es giebt unruhige Köpfe,

welche gerne mehr seyn oder mehr haben möchten,
als ihre Lage verstattet, und die bey einer Aen=
derung der Dinge sich Hoffnung machen, eine
Rolle zu spielen, sich über ihre Mitbürger zu
erheben, selbst Herren zu werden, und sich auf
Kosten anderer zu bereichern. Es giebt allent=
halben Leute in der Menge, welche alle Abgaben
und Lasten für eine unnöthige Bedrückung an=
sehen, und wenigstens gerne von denselben be=
freyt seyn möchten, wenn sie auch sonst keine
Klagen haben. Es giebt andre, welche Feinde
aller Ordnung sind, die gerne alles thun möch=
ten, was ihnen einfällt, und es lästig finden,
wenn sie gehorchen und Ruhe halten sollen; wel=
che über Unrecht klagen, wenn sie in ihren Betrü=
gereyen gestöhrt, wenn ihre unbillige Ansprüche
nicht erfüllt, wenn sie gehindert werden, ihre
Rachsucht zu befriedigen; wenn sie einen Prozeß
verlieren, oder von Obrigkeits wegen in die
Schranken gewiesen; oder gar gestraft werden.

Dieses alles lehrt die Erfahrung nicht nur
aller, sondern auch vornemlich der neuesten Zei=
ten. Sie lehrt ferner, daß einige wenige Miß=
vergnügte eine große Menge nach sich ziehen
können, und daß es Bösewichter giebt, welche
die unselige Kunst besitzen, andre in ihr Inter=
esse zu verwickeln, und Leute schwürig zu machen,

die für ſich ſelbſt nimmermehr daran gedacht
haben würden. Und doch unterſteht man ſich,
aller Erfahrung und aller geſunden Vernunft zum
Trutz, zu behaupten, unter einer guten Regie=
rung ſey gar nichts zu beſorgen. Was das
ſchlimmſte iſt, ſo findet dieſes betrügeriſche Ge=
ſchwätz, bey welchem, unter dem Anſchein des
Lobes, alle Schuld zulezt auf die Regierungen,
ſelbſt geworfen wird, und die man eben dadurch
verhaßt machen will, hin und wieder nur allzu=
viel Eingang.

Damit nun die Schriftſteller nicht gehindert
werden mögen, den Saamen der Empörung
ferner auszuſtreuen, ſo hat man einen noch ab=
geſchmacktern Satz aufgebracht und behauptet:
Schriftſteller könnten nicht einmal, wenn ſie
auch wollten, Empörungen bewirken. (Beleg
XV. S. 107. XX. S. 132.) Es iſt wahr, es gab
Empörungen ehe man noch Druckſchriften hatte,
und es giebt ihrer auch an Orten, wo nicht ge=
leſen wird. Aber niemand iſt auch ſo einfältig,
vorzugeben, daß Druckſchriften die einzige Urſache
ſeye, auſſer welchen es keine andere geben könne.
Sie ſind ein Mittel unter vielen andern Mitteln,
deren ſich die Leute bedienen, welche Unruhen
ſtiften wollen; und ſie ſind ein ſehr ergiebiges
Mittel, das an Orte hindringen kann, wo andre

Mittel nicht ſo leicht hindringen, nicht ſo geſchwind wůrken, oder nicht ohne ſichtbare Gefahr
angewandt werden kônnen. Und ſollten Schriften fůr ſich allein nicht alles leiſten kônnen, ſo
kônnen ſie doch das ihrige dazu beytragen, und das
Unglůck befôrdern helfen und weiter verbreiten,
welches ſchon hinreichend iſt. (Beleg XVII.
S. 115.) Da es auch dem mittelmâſigſten Verſtand einleuchten muß, daß bôſe Grundſâtze durch
můndliche Reden, wie auch durch Briefe, mitgetheilt werden kônnen, welches daher auch noch
niemand zu lâugnen ſich unterſtanden hat; da
ferner kein Grund abzuſehen iſt, warum durch
den Druck ſolcher Grundſâtze das nemliche nicht
auch geſchehen kônnte: ſo hat man vorgegeben,
das Volk leſe keine Schriften, und verſtehe ſie
auch nicht. Was man ſich wohl fůr Leute unter
dem Ausdruck: **Volk** vorſtellen mag? Bauern
und ganz geringe Bürger môgen wohl zuweilen
ſich zu einem vorůbergehenden Auflauf zuſam-
menrottiren. Aber bey einer fôrmlichen Empô-
rung ſind gewiß auch Leute aus den mittlern und
hôhern Stânden geſchâftig; und dieſe ſind die
Hauptperſonen, welche die ůbrigen am Seile
fůhren; ſelbſt bey den Bauernkriegen des ſechs-
zehnten Jahrhunderts waren andre Leute, und
vornemlich Gelehrte und Prediger die Anſtifter

und Rädelsführer. Aber Leute dieſer Gattung
leſen doch wohl Schriften, und verſtehen ſie auch!
Selbſt Bauern und Bürger der niedrigſten Claſſe
leſen heutiges Tages; und oft mehr als ihnen
zuträglich iſt. Sie verſtehen auch das, was in
ihren Kram dient, gar zu wohl; und was ſie
nicht ſogleich verſtehen, das erklärt ihnen ein
Volksredner aus ihrer Mitte, der in vorhergehen=
den Zeiten allenfalls in Städten war, und ſich
etwas mehr Kenntniſſe erworben hat; oder es
thut es ein anderer, der ſich unter ſie miſcht,
und ſich bey ihnen einſchmeichelt. Auſſer dem
giebt es auch Schriften genug, welche ganz ei=
gends darzu eingerichtet ſind, daß ſie der gemeine
Hauffen verſtehen kann, wie die Erfahrung genug
beweißt; es giebt auch Lieder, die für ſie gemacht
ſind, und bereits von ihnen häufig geſungen
werden. (Beleg XVI. S. 111.) Dennoch
will man mit aller Gewalt das Gegentheil be=
haupten. Man hat eigne Schriften herausgehen
laſſen, worinn man das Publicum mit ſehenden
Augen blind machen, und ihm das abſtreiten
will, was aller geſunden Vernunft, und allen,
auch den neueſten Erfahrungen gemäß, Wahr=
heit, traurige Wahrheit iſt. Es giebt ſogar gut=
müthige Schriftſteller, die in dieſes Vorgeben
mit einſtimmen, aber da ſie die Welt nicht weiter,

als aus ihren Studierstuben, und Kinderjahren
her kennen, besser geschwiegen hätten. Denn ge=
rade durch solche Leute wird so einer albernen
und zugleich sehr gefährlichen Behauptung der
meiste Beyfall verschaft; und sie haben eine große
Verantwortung auf sich, daß sie sich zu solchen
Sachen, die sie nicht verstehen, gebrauchen lassen.
Auf ihr Ansehen werden dann dergleichen Dinge
geglaubt, die sonst auf jene Sophistereyen nicht
geglaubt worden wären.

Erscheint dann einmal eine Schrift, die dem
Publicum und den Großen die Augen öffnen
könnte, so wird sie durch die vorhin beschriebnen
Mittel möglichst unterdrückt, oder den Großen
wenigstens vorenthalten. (Beleg XVIII. S. 122.)
Die Verbündeten mischen sich nach ihren eignen
in den neuesten Arbeiten des Spartacus und
Philo aufgedeckten Grundsätzen in alles; sie ha=
ben vornehmlich ihre Gehülfen an den Höfen.
(Beleg VII. S. 48 und 49.) Um nun solche
Schriften nicht an den rechten Ort gelangen zu
lassen, insinuiren sie sehr schleichend: man müsse
die großen Herrn nicht noch mistrauischer
machen, als sie bereits würklich seyen. Mit
dieser Maxime, die eben kein Lob auf die großen
Herren ist, erreichen sie ihren Zweck nur allzu=
leicht bey blosen sogenannten Hofleuten, die ihre

ganze Glück ⸗ oder Unglückſeligkeit nach der hei⸗
tern oder trüben Mine, nach der muntern oder
verdrießlichen Laune ihrer Herrſchaft berechnen,
und um alles Uebrige unbekümmert ſind, wenn
es nur ihnen wohl geht; daher ſuchen ſie alles
abzuhalten oder zu entfernen, was zu irgend einem
ernſthaften und am Ende gemeiniglich unange⸗
nehmen Nachdenken Gelegenheit geben möchte;
und ſo hält es dann bey allen denjenigen Herren,
die nicht gewohnt ſind ſelbſt zu leſen, als wo⸗
durch ſie mit manchen Dingen bekannt werden
würden, die man ihnen zu verbergen ſucht, ſehr
ſchwer, daß manche wichtige Wahrheit bis zu
ihnen durchdringen kann.

Noch ſchlimmer iſt es, wenn andre ſonſt
gutgeſinnte und redliche Männer, denen es be⸗
ſonders obliegt, ihre Herrn von dem Zuſtand ihrer
Länder zu benachrichtigen, ſich durch jenen be⸗
trügeriſchen Grundſatz hintergehen laſſen, und
wichtige Sachen aus Furcht, es möchte das
Mistrauen zu weit getrieben werden, und endlich
auf unſchuldige Leute fallen, zurückhalten. Es
giebt ja auch ein vernünftiges Mistrauen, wel⸗
ches ſelbſt den rechtſchaffenſten Mann nicht ſchän⸗
det, und ohne welches er bey aller Rechtſchaffen⸗
heit ein ſchwacher Mann iſt und bleibt, mit dem
ein jeder Betrüger nach Gutdünken ſpielen kann,

wie er will. Unſere Alten wußten dieſes, und
drückten ſich darüber nach ihrer Manier in kurzen
und kräftigen Sprüchwörtern aus: Trau, ſchau
wem; und: wer leicht glaubt, wird leicht betro=
gen. Man fordert ja nicht, daß die Fürſten,
gleich den alten Tyrannen unter Roms Kaiſern,
alle Leute ohne Unterſchied in Verdacht ziehen,
alle rechtſchaffne Männer inſonderheit für gefähr=
lich halten, oder Verläumdern und Delatoren
Gehör geben ſollen. Man fordert nur, daß ſie
auf das, was in der Welt, was in ihren eignen
Ländern, was um ſie herum vorgeht, aufmerk=
ſam; man fordert, das ſie vorſichtig ſeyn, nicht
einem jeden Schwätzer, der ihnen angenehme
Dinge ſagt, trauen, nicht einem jeden, der ihnen
Frieden predigt, da es doch kein Friede, iſt
(Jerem. 6, 14.) glauben ſondern vielmehr ſelbſt
nachſehen, ſich vornemlich bey ſolchen Leuten,
die ſie als einſichtsvolle und redliche Männer
ſchon lange her, und aus denen von ihnen be=
ſorgten Geſchäften, kennen müſſen, erkundigen,
daß ſie dieſen Muth machen ſollen, die Wahrheit
auch alsdann zu ſagen, wenn dieſe gleich nicht
die angenehmſte wäre. Man fordert nicht, daß
ſie übereilte, übertriebene, verfolgeriſche und grau=
ſame Maasregeln nehmen; ſondern daß ſie mit
aller Klugheit zu Werk gehen, und gegen gefähr=

liche Machinationen ſolche Mittel ergreifen ſollen,
welche der Sache angemeſſen ſind, und niergends
wider die Gerechtigkeit und Billigkeit anſtoſen,
und (Beleg XII. S. 85.) wichtige Dinge überhaupt nicht geringe achten ſollen. Man wünſcht
nur, daß ſie durch betrügeriſche Vorſpiegelungen,
als wären Gegenanſtalten ein Beweis von der
würklichen Schwäche einer Regierung, von welcher man ſogar ſelbſt überzeugt ſeyn müſſe; als
erweckten dergleichen Anſtalten nur Mistrauen
unter dem Volk, und was dergleichen boshafte
Erfindungen, die von unverſtändigen Leuten dann
nachgeſprochen werden, noch mehr ſeyn mögen,
ſich nicht irre machen laſſen möchten.

Wenn wir uns dadurch abhalten laſſen wollen, daß das Gute, das wir ſtiften können, gemißbraucht, oder daß ein auf Sachen und Umſtände gegründeter guter Rath übertrieben werden
könnte; was bleibt uns dann übrig zu thun?
Sollen wir einen Hausvater, von welchem wir
mit vieler Wahrſcheinlichkeit wiſſen, daß gewiſſe
Leute ihn betrügen wollen, nicht warnen? blos
aus dem Grunde nicht warnen, weil es möglich
iſt, daß er gegen ſeine eignen, allenfalls ganz
unſchuldigen Hausgenoſſen mistrauiſch werden,
und ſie in Verdacht eines Einverſtändniſſes mit
den Räubern, die in ſein Haus einbrechen wol-

len, ziehen möchte? Man ſieht es jener Maxime
doch deutlich genug an, auf welchem Grunde und
Boden ſie gewachſen iſt, und was ſie zur Abſicht
hat. Man will Fürſten und Miniſter dadurch
in der Unwiſſenheit erhalten, daß ſie nicht ſehen
ſollen, was Uebelgeſinnte inzwiſchen, und bis die
Zeit erſcheint, wo ſie ohne Gefahr losbrechen
können, gegen ſie vornehmen und vorbereiten.
Das iſt der Schlüſſel zur ganzen Sache.

Gelangt eine Schrift endlich doch bis zu den
rechten Händen, ſo hat man auſſer den obbemeld=
ten Verläumdungen des Schriftſtellers, noch an=
dre Mittel, um den Eindruck, den ſie etwa ma=
chen möchte, oder bereits würklich macht, wie=
der zu ſchwächen oder gänzlich zu entkräften.
Hat der Schriftſteller ſich genennt: ſo giebt man
ihm, ſo entfernt er auch davon iſt, dieſe oder
jene eigennützige Abſichten Schuld, als wolle er
empor kommen, an der Regierung Theil haben,
ſich den Fürſten als Rathgeber aufdringen, und
dergleichen. Iſt er dem Aufklärer = Bund durch
vorhergegangene Schriften misfällig, und von
denen zu demſelben gehörigen Journaliſten bereits
verſchrieen worden; ſo bezieht man ſich hierauf,
gleich als wenn er nun darum ein erwieſener=
maſen ſchlechter Menſch wäre. (Beleg XI. S. 81.
XV. S. 104=107.) Kann man irgend eine ihm

nachtheilige Anekdote von ihm, seinen häußlichen
Umständen, oder auch Schriften erfahren; so be=
nutzt man sie, um ihn noch weiter zu verschreyen,
vergröffert sie, oder erdichtet dergleichen von
Neuem, und läßt sie durch die dritte, vierte Hand,
und von mehreren Orten her ausbreiten; denn
ob etwas wahr sey, oder nicht, das verschlägt
solchen Leuten nichts; genug, wenn das Werk
eines Schriftstellers (Beleg VII. S. 44.) nicht
in ihren Plan paßt. Wo das alles nicht helfen
will, sucht man ihn lächerlich zu machen, oder
nennt ihn einen verkappten Jesuiten, einen Illu=
minaten = Riecher; und was dergleichen herrliche
Erfindungen mehr sind.

Ist die Schrift anonymisch, so sieht man
zu, wem man sie etwa zuschreiben könne, und
operirt dann auf die nemliche Art. Geht aber auch
dieses nicht an, so hilft man sich durch Gemein=
plätze: der Verfasser müsse, weil er sich nicht zu
nennen getraue, das Licht scheuen, kein gutes
Gewissen, keine gerechte Sache haben; anony=
mische Schriften verdienten nicht, daß man auf
sie Rücksicht nehme, und so weiter.

Allein ein Autor kann sehr gute Ursachen ha=
ben, warum er sich nicht nennt. Ist er bereits
verschrieen, so würde er durch Nennung seines
Nahmens seiner Schrift bey allen denen, welche

nun einmal eine üble Idee von ihm haben, den
Eingang ſelbſt verſperren. Auch iſt die Par=
they zu ungleich. Die Recenſenten, welche es in
der Gewalt haben, einen ehrlichen Mann um
allen Credit zu bringen, ſchreyen hinter dem Vor=
hang hervor, ohne ſich ſehen zu laſſen. So lange
ſich aber dieſe nicht nennen müſſen, kann man
es dem Schriftſteller nicht als Pflicht aufbürden,
ſich dennoch zu nennen, und ſeine Perſon einem
jeden muthwilligen Jungen Preiß zu geben.

Vielleicht fürchtet er auch perſönliche Feind=
ſchaften und Verfolgungen; zumal wenn er Dinge
aufdeckt, die gewiſſe Leute nicht gern ins Publi=
kum gebracht haben wollen. Und dergleichen
Urſachen kann es noch mehrere geben.

Es iſt auch ein großer Unterſchied unter den
anonymiſchen Schriften ſelbſt. Bey manchen
thut der Name ganz und gar nichts zur Sache.
Eine aufrühreriſche Schrift bleibt wegen ihres
Innhalts immer gefährlich, der Verfaſſer mag
ſich genennt haben, oder nicht. Und ſo kann im
Gegentheil eine Schrift Wahrheiten, nützliche und
wichtige Wahrheiten enthalten, wenn gleich der
Verfaſſer derſelben nicht bekannt iſt. Bezieht er ſich
auf Thatſachen, die notoriſch ſind, und von niemau=
den geläugnet werden; ſo bedarf es ſeines Nah=
mens nicht. Denn was ſoll derſelbe dazu bey=

tragen, Sachen, die ohnehin ausgemacht ſind,
noch weiter zu beſtärken? Bezieht er ſich auf
andre Schriften, worinn die Beweiſe enthalten
ſind, ſo iſt es eben dieſes, wofern ſolche Schrif=
ten noch nicht mit Gründen widerlegt oder be=
zweifelt worden ſind. Macht er aus unläugba=
ren Thatſachen Folgerungen, oder bringt er Sach=
gründe vor; ſo kann ein jeder dieſe ſeine hierauf
gebauten Schlüſſe von ſelbſt beurtheilen; ihre
Richtigkeit und Bündigkeit hängt, wenigſtens
nicht von ſeinem Namen ab.

Nur in dem Fall, wenn er ganz neue That=
ſachen, die weiter keine Beweiſe für ſich haben,
erzählt, oder einzelnen Perſonen Beſchuldigun=
gen macht, die nicht ſchon anderſtwoher bewie=
ſen ſind, wird die Nennung ſeines Nahmens
wichtig, weil das Publikum, das auſſer ſeinen
Aeuſſerungen weiter keine Gründe kennt, ſonſt
nicht urtheilen kann, ob er die gehörige Wiſſen=
ſchaft und Kenntniß der Sachen gehabt haben
möge, und der Mann ſey, dem man zutrauen
könne, daß er auch die Wahrheit würklich ſa=
gen wolle. Unterläßt er indeſſen dieſes aus
den vorhin angeführten Urſachen; ſo bleiben
doch noch immer Mittel übrig, hinter die
Wahrheit zu kommen. Wem daran gelegen
iſt, und wer beweiſen kann, daß er ein

Intereſſe dabey habe, wie es zum Exempel der
Fall bey allen denjenigen iſt, welchen gewiſſe Be=
ſchuldigungen namentlich gemacht worden; der
darf nur den Verleger der Schrift durch die Ob=
rigkeit anhalten laſſen, den Nahmen des Verfaſ=
ſers oder des Einſenders herauszugeben. Denn
dieſer muß wenigſtens wiſſen, wo er die Schrift
her hat; und wenn er dieſelbe von einer ihm un=
bekannten Hand angenommen hat, ſo muß er
den Innhalt derſelben ſelbſt verantworten. Den
Verleger aber ausfündig zu machen, iſt ſo ſchwer
nicht, wenn man nur ernſtlich will. Zuweilen
hat er ſich wohl ſelbſt bekannt gemacht, und nie=
mand von den angegriffnen Perſonen regt ſich.
Dieſes kann nun zwar mancherley Urſachen ha=
ben; wenn aber die Beſchuldigungen wichtig ſind,
und die Ehre in einem hohen Grad angehen, ſo
wird, wenn die Leute doch ſchweigen, die Ver=
muthung ſehr wahrſcheinlich, daß ſie das Herz
nicht haben, es auf eine gerichtliche Unterſuchung
ankommen zu laſſen; wodurch dann die ihnen
nachtheiligen Aeuſſerungen des ungenannten
Schriftſtellers einigen Grad von Wahrſcheinlich=
keit erhalten.

Freylich iſt der Weg, durch den Verleger
hinter die Sache zu kommen, mit einigen Weit=
läufigkeiten verknüpft. Aber daher folgt doch
noch

nicht, daß nun eine jede nahmenloſe Schrift
ſchon in ſich ſelbſt falſch, vornenweg verdäch=
tig, überhaupt keiner weitern Aufmerkſamkeit
werth ſey. Denn dieſes alles hängt nicht hier=
von, ſondern von ganz andern Gründen ab.

Uebrigens ſoll das, was hier von anonymi=
ſchen Schriften geſagt worden, keineswegs eine
vorläufige Schutzſchrift für den Verfaſſer der
gegenwärtigen Nachrichten ſeyn, da er, wie ſchon
in der Vorrede erinnert worden, bereit iſt, einem
jeden ſeinen Nahmen zu nennen, der ein Recht
hat, ſolchen zu fordern, und es auch ſelbſt ange=
geben hat, durch wen man ihn erfahren könne.

Daß den Verbündeten überaus viel daran
gelegen ſeyn müſſe, Fürſten und Miniſter in ſo
weit auf ihre Seite zu ziehen, daß ſie von den=
ſelben in ihren Operationen nicht gehindert wer=
den, bedarf keines Beweiſes, da eben dieſe die
einzigen ſind, welche ſie mit Nachdruck hindern,
und ihren gefährlichen Experimenten an der
Menſchheit, an den Staaten und an der Religion
ein Ende machen können. Sie bedienen ſich daher
auch aller möglichen Künſte, deren ſich andre
Factionen und Cabalen an den Höfen auch bedie=
nen. Weil aber dergleichen Dinge allgemein be=
kannt, und dabey von meinem Zweck, der eigent=
lich nur auf das Litterariſche geht, zu weit ent=

fernt ſind, ſo übergehe ich dieſelben, und füge
nur noch einiges hinzu, das den Verbündeten
eigen iſt.

Noch immer ſuchen ſie, wie es bereits vor
den Zeiten der Illuminaten ſchon üblich war,
die Regenten und Miniſter mit Vorſpiegelungen
der großen Vortheile der Toleranz und der Preß=
freyheit einzuſchläfern. (Beleg XIV. 99. ; Tole=
ranz derer, die anderſt geſinnt ſind, iſt und bleibt,
wenn ſie in den Schranken erhalten wird, ein ſehr
großes Gut, deſſen Werth in den vorigen Zeiten
nicht gehörig erkannt worden iſt. Mit der Preß=
freyheit verhält es ſich eben ſo. Wo beyde ver=
ſtattet waren, da rühmte man die Regierung
mit Recht. Aber manche Regierung vergaß über
dem Bewußtſeyn ihrer edeln Abſichten und men=
ſchenfreundlichen Geſinnungen, und bey dem
Weyhrauch der Schmeicheleyen, die ihnen eben
nicht immer aus den beſten Abſichten dafür ge=
ſtreut wurden, daß die Toleranz, wenn ſie über=
trieben wird, in die gröſte Ungerechtigkeit, und
in eine wahre Intoleranz auslaufen könnte, und
daß Rede= Schreib = und Preßfreyheit immer
unter der Aufſicht des Staats bleiben müſten,
wenn ſie, nach dem Ausdruck eines unſerer geiſt=
reichſten Schriftſteller, nicht in Preßflegeley aus=
arten ſoll.

In den proteſtantiſchen Ländern entſtand aus der Toleranz gar bald Gleichgültigkeit gegen die Religion. Man gab es in unzähligen Schriften, die mehr als zu viel Beyfall gefunden haben, vornemlich Journalen, für gleichviel aus, ob man in der Religion proteſtantiſch oder ſocinianiſch, oder völlig deiſtiſch geſinnt ſey; nur catholiſche Geſinnungen wollten die toleranten Schriftſteller ſchlechterdings nicht leiden. Dieſes war alſo zugleich ſchon ein Anfang der Intoleranz; nachher gieng man weiter, und verfolgte, wenigſtens in Schriften, alle diejenigen auch, die ſich noch an den proteſtantiſchen Lehrbegriff hielten, und denſelben nicht mit dem Deismus vertauſchen wollten. Dergleichen Dinge trieben dann die Theologen und Geiſtlichen, als Schriftſteller, und an manchen Orten auch die Conſiſtorien, zumal da, wo die alten, vornemlich weltlichen Räthe, welche die Sachen noch einigermaſen in der Ordnung hielten, und auf die Landesverfaſſung Rückſicht nahmen, abgeſtorben waren. Von Machinationen dieſer Art erfährt aber der Landesherr gemeiniglich gar nichts. Er glaubt nur allzuleicht, daß ſeine Geiſtlichen, ſo dünne auch die Anzahl der ächten Proteſtanten unter ihnen iſt, noch feſt an dem Proteſtantismus und der Augsburgiſchen Confeſſion halten,

weil er noch dabey hält, und die Geiſtlichen bey
dem Antritt ihres Amtes auf dieſe Confeſſion
noch immer verpflichtet werden. Allein es wird
nicht darauf gehalten; und dieſes erfährt er nicht.
Bekommt er ja einmal einige Nachrichten von
Streitigkeiten, die daher, oder aus andern ähn⸗
lichen Quellen entſtanden ſind, ſo nimmt er, und
vielleicht auch der Miniſter dieſes Fachs, keine
weitere Notitz davon, weil ſie glauben, auch wohl
gefliſſentlich von andern in der Meynung beſtärkt
werden, daß es Schulſtreitigkeiten und Wortge⸗
zänke ſeyen, denen man, unbeſchadet des Pro⸗
teſtantismus und der Landesreligion den Lauf
laſſen könne, ob ſie gleich anderſt urtheilen wür⸗
den, wenn ſie wüßten, daß es darauf abgeſehen
ſey, den Grund des Glaubens und die Landes⸗
religion, die ſie doch aufrecht erhalten wiſſen
wollen, gänzlich umzuſtürzen. Was Fürſten ehe⸗
mals, da ſie ſogar Streitigkeiten über Lehren
richterlich entſcheiden wollten, in Religionsſa⸗
chen zu viel thaten, das thun ſie heutiges Tages
gemeiniglich zu wenig.

Daher ſehen ſich dann die Theologen in
ihren Landen, Dogmaticker und Exegeten, Jour⸗
naliſten und Recenſenten, als unabhängige Leute
an, die treiben könnten, was ſie wollten. Daher
ſchreiben ſie, als wenn keine Reichsgeſetze, keine

Bekenntnißbücher, keine Lehrvorſchriften in der
Welt, oder längſt abgeſchaft wären; kehren ſich
an nichts, bringen vor, was ihnen einfällt; und
wenn ſie Gemeinen haben, ſo betrachten ſie ſich
als Herren derſelben, denen ſie in Religionsſa=
chen vorſchreiben, wenigſtens aufbürden könnten,
was ihnen gut deucht.

Eben ſo wiſſen die Regenten ſehr ſelten, in
welchem Grade die Preßfreyheit gemisbraucht,
und wie oft ihre Regierung, und wohl gar ihre
eigne Perſonen; entweder auf eine verſteckte Art
unter allerley Bildern und Erzählungen, oder ganz
offenbar, und in beyden Fällen oft bitter, ſpöt=
tiſch und beiſend durchgezogen, ihre ausgemachte
Rechte mit Sophiſtereyen beſtritten, ihre Unter=
thanen zum Misvergnügen verleitet, oder wohl
gar zu Empörungen, bald auf eine grobe, bald
auf eine künſtliche weiſe ermuntert werden, wel=
ches alles ſie ſo leicht nicht leiden würden, wenn
ſie es wüſten, oder die Folgen davon beherzigen
wollten. Dann mit ihnen ſpricht man nur von
den Vortheilen, welche für die Aufklärung und
Vervollkommnung des menſchlichen Geſchlechts
von der Preßfreyheit zu erwärten ſtünden; wel=
ches an ſich wahr und gut iſt, auch gut geblie=
ben ſeyn würde, wenn ſich nicht Leute, die ge=
gen das Chriſtenthum und die hergebrachten Ver=

faſſungen der Staaten feindſelig geſinnt ſind,
mit der Schriftſtellerey abgegeben, und was noch
ſchlimmer war, nicht das ganze Schriftſteller=
weſen in ihre Gewalt zu bringen geſucht und ge=
wuſt hätten. Denn man blieb bey der Wahrheit
nicht lange ſtehen, ſondern übertrieb die Sache durch
allerley Vorſpiegelungen, erweiterte die Grän=
zen der Preßfreyheit immer mehr und ſuchte ſie
endlich ganz aufzuheben. Schon 1787. äußerte
Bahrdt, daß man Gott und Fürſten ungeſtraft
öffentlich läſtern dürfe; auf weſſen Betrieb iſt
nunmehr klar, da aus den Neueſten Arbeiten
des Spartacus und Philo unwiderſprechlich er=
hellt, daß es gleich urſprünglich der Plan ge=
wiſſer Leute war, die Religion umzuſtürzen, die
Fürſten herunterzuſetzen, alle Ehrfurcht für die=
ſelben zu verdrängen, ſie verächtlich, und end=
lich ganz entbehrlich zu machen (Beleg VII. S.
47-49.) Doch erkannte Bahrdt ſelbſt noch einige
Gränzen der Preßfreyheit an, wenigſtens zum
Schein. Man gieng weiter, und behauptete,
daß man alles öffentlich ſagen und ſchreiben dürfe,
was wahr ſey, wobey ſich aber die Schriftſteller
das Recht der Entſcheidung: ob dieſes oder je=
nes wahr ſey, ſelbſt vorbehielten; ſo daß die von
ihnen angegriffenen oder verläumdeten Perſonen
übel genug daran waren. Weil aber dieſes noch

nicht auslangen wollte; ſo gab man weiter vor,
daß man auch unerwieſene Beſchuldigungen
ausbreiten dürfe, weil man dadurch Gelegenheit
geben könne, daß die Wahrheit an den Tag kom=
me, und die Beſchuldigten ſich nun auch öffent=
lich vertheidigen könnten; womit man ihnen allen
Rechten zuwider den Beweis, den zu führen dem
Schriftſteller obgelegen hätte, aufbürdete; und
wenn die Vertheidigung demungeachtet erſchien,
ſo wendete man alle Künſte an, dieſelbe zu un=
terdrücken (Beleg VIII. S. 53 - 57. XIII. S. 88-
90. 92.). Was hierbey die Fürſten inſonderheit
betraf, ſo ertheilte man ihnen den vorgeblich
wohlmeynenden Rath, ſie möchten, wenn die
von ihnen ausgebreiteten nachtheiligen Gerüchte
wahr ſeyen, ſich beſſern, gleich als wenn Be=
ſchimpfungen und Läſterungen der Weg dazu
wären. Wenn aber die Beſchuldigungen falſch
ſeyen, ſo ſollten ſie, ſagte man hinterliſtiger=
weiſe, dieſelben großmüthig verachten. Denn ſo
konnte man ungehindert fortfahren, ſie zu ver=
läumden, und alle Achtung gegen ſie aus den
Herzen ihrer Unterthanen austilgen.

Endlich behauptete man geradezu, man dür=
fe alles in der Welt ſchreiben, was, wann und
wie man wolle, es möchte wahr oder falſch
ſeyn. Zugleich ſprach man den Fürſten alle Rech=

te über die Preßfreyheit ſchlechterdings ab, wie
unter mehrern der Verfaſſer der giftigen Schrift
that: Zurückforderung der Denkfreyheit an die
Fürſten Europens, die ſie bisher unterdrük=
ten, 1793. (Beleg XIX. S. 128.) ſo wenig auch
das Recht alles zu ſagen, was man will, ein
wahres Recht, oder gar ein unveräuſſerliches
Menſchenrecht iſt, wie bereits oben gezeigt wor=
den. Man entblödete ſich nicht, die Schriftſtel=
ler für die geſezgebende Macht (Beleg XX. S.
130.) zu erklären, und den Fürſten die bloße
ausübende Macht, jedoch nur in ſo weit übrig
laſſen, daß ſie dasjenige, was die Schriftſteller
vorzuſchreiben für gut fänden, wenn es auch
ſcheinbare Sonderbarkeiten wären, befolgen und
ausführen müßten. Dieſes that das ehemalige
Braunſchweigiſche Journal, worauf es hernach
in mehrere Journale aufgenommen, und als un=
läugbare Wahrheit eingeſchärft wurde. Dieſes
that ſogar Herr Rath Campe in der] Vorrede zu
Herren D. Fauſts Schrift von dem Geſchlechts=
trieb, ob er gleich vor ſeiner Reiſe nach Paris
ſich in ſeinem ſogenannten Reviſionswerk noch
ganz anderſt geäußert hatte.

Bey dem Allen iſt es ſo gut, als wenn wir
gar keine Preßfreyheit hätten, da die Männer
des großen Bundes durch Hülfe ihrer Affiliirten

und Inſtrumente, alle Schriften für das Chriſtenthum und die herkömmlichen Staatsverfaſſungen zu unterdrücken, oder auſſer Curs zu ſetzen
wiſſen, die Preßfreyheit nur für ſich und ihre
Meynungen geltend zu machen ſuchen, allen übrigen ehrlichen Leuten aber auf eine hinterliſtige
Art rauben, und ſomit einen wahren, unerträg-
lichen, und wenn es ſo fortgeht, für die Ruhe
der Staaten, und alle bürgerliche Ordnung höchſt
gefährlichen Despotismus über das Publicum
ausüben.

Um die Regenten noch weiter von aller Ein-
ſicht in dieſes Unweſen abzuhalten, unterſtehen
ſie ſich ſo gar, ihnen zu drohen. Sie drohen
ihnen mit der nemlichen Publicität, die ſie bisher ſo unverdienterweiſe begünſtigt haben, und
kehren ihre eignen Wohlthaten wider ſie. Sie
drohen ihnen, ſie für dem ganzen Publico, welches ſie durch ihre viele Anhänger und vornemlich
Journaliſten auch leicht ins Werk richten können,
als unaufgeklärte Leute, oder gar als Tyrannen
an den Pranger zu ſtellen (Beleg XIV. S. 100.)
und erreichen damit ihren Zweck um ſo mehr,
als man befürchten muß, die Schriftſteller werden, wenn man ihnen an einem Ort das Handwerk legt, an einen andern hingehen, und daſelbſt zehnmal ärger, als vorher, ſchreyen, ſchim-

pfen und läftern, und dabey fogar bey andern Ob=
rigkeiten Schutz finden. Sie geben vor, daß es
endlich einmal Zeit fey, dem Volk feine ihm ent=
riffenen Rechte wieder zu geben; daß keine menfch=
liche Gewalt mehr im Stande fey, die Würkun=
gen der Aufklärung, wofür fie ihre ungegründe=
te Forderungen, ihre ungeheure Prätenfionen
und ihre Sucht, alles umzukehren, ausgeben,
noch ferner zu verhindern, oder den zum Ausbruch
fertigen Strohm zurück zu halten (Beleg VIII.
S. 57. Sie fchildern diefes als ganz nahe und
unausbleiblich, und drohen bereits würklich mit
einem gewaltfamen Aufftand des Volks (Beleg
XIX S. 128.). So gar giebt es fchon umher
fchleichende Flugfchriften, worinn eine jede Ein=
fchränkung der Preffe, wie auch die Aufficht über
die Lefegefellfchaften, deren fich einige Obrigkei=
ten anzunehmen anfangen, ebenfalls als allge=
meine Bedrückungen des ganzen Volks, das alfo
doch wohl lefen muß, vorgeftellt, und die Leute
ermahnt werden, folches nicht mehr zu leiden,
fondern fich mit Gewalt entgegenzufetzen.

Endlich fuchen die Verbündeten die Großen
fogar von der Vortreflichkeit der Freyheit und
Gleichheit im franzöfifchen Sinn zu überreden;
und da heutiges Tages Sachen gefchehen, die
man vor wenig Jahren noch für unmöglich gehal=

ten haben würde, so kann man vermuthen, daß
sie hin und wieder damit Eingang finden werden.
Der Fürst von Salm = Kyrburg, welcher aber
nachher gleichsam zur Dankbarkeit dafür zu
Paris guillotinirt worden, wollte sogar die neu=
en Herrlichkeiten in seinem Landes = Antheil
einführen, wogegen sich aber seine eigne Un=
terthanen, die weiter sahen, damals selbst ge=
sezt haben. Ein andrer regierender Herr meynte:
Er habe eine Revolution nicht zu fürchten,
da er versichert sey, daß er alsdann der erste
Bürger in seinem kleinen Freystaat werden
würde; wobey man aber billig mit dem Spar=
tacus (Nachtrag der Originalschriften S. 76.)
ausruft; O Menschen! zu was kann man euch
bereden! So bald man einem Herrn einmal sei=
ne obrigkeitlichen Rechte genommen hat, wird
man ihn nicht lange mehr ersten Bürger im Staat
bleiben lassen. Man wird ihm bald sein übri=
ges Privat = Eigenthum auch nehmen; und um
theils diese Raubsucht zu beschönigen, theils um
seine Rache, wenn er wieder zu Ansehen gelangen
sollte, zu verhüten, wird man ihn zu einem Ver=
brecher machen und des Lebens selbst berauben.
Wer weiß nicht, was in unsern Tagen gesche=
hen ist?

So läßt man alſo nichts unverſucht, und ver=
bindet Sophiſtereyen, unverſchämte Schmeiche=
leyen und Drohungen mit einander, um ſeine
ſchändliche Abſichten zu erreichen! Ein ſogenann=
ter Däniſcher Bürger hat dem Kronprinzen von
Dännemarck in einem zu Schleswig bey Boie
gedrukten Schreiben zu ſeinem Geburtstag gra=
tulirt, und die Verwegenheit gehabt, es dem
Kronprinzen zum Ruhm anzurechnen, daß ſich
derſelbe, wie er ſich ausdrückte, nicht von eit=
ler Fürſten= Ehre habe blenden laſſen, um der
Verſchwörung der Könige gegen die Menſch=
heit beyzutreten; welches für die übrigen krieg=
führenden Mächte ein häßliches Compliment iſt.
Hiermit war es ihm aber noch nicht genug, ſon=
dern er drohte auf allen Fall, als man in Dä=
nemark andern Sinnes werden möchte, bereits
vorläufig mit einer Rebellion in Norwegen (flie=
gende Blätter 1794. März. S. 324. u. f.). Doch
man würde nicht fertig werden, wenn man alle
die auf Empörungen hinarbeitenden Schriftſtel=
ler, die Freymüthigen Betrachtungen eines phi=
loſophiſchen Weltbürgers, die Beyträge zur Be=
richtigung der Urtheile des Publicums über die
franzöſiſche Revolution, die philoſophiſche Bi=
bliothek der vornehmſten Meynnungen über die
heutigen Angelegenheiten der Menſchheit, und

hundert andere mehr, von welchen die meiſten
bereits großes Zeitungslob erhalten haben, der
kleinern Flugſchriften nicht zu gedenken, nur anführen, geſchweige dann nach ihrem Inhalt aus-
ziehen wollte. Es ſey genug mit folgenden Stellen aus einem Schriftchen, welches viele Senſa-
tion gemacht hat, und nach deſſen Verfaſſer gewiſſe Leute aus begreiflichen Urſachen noch immer ſehr eifrig und ängſtlich forſchen: Endliches
Schickſal des Freymaurer-Ordens 8. 1794.

Die Gleichgültigkeit (S. 41.) die bisher bey
den Fürſten herrſchte, nannten die Aufklärer
Mäßigung, Milde, Toleranz, Aufgeklärtheit,
landesväterlichen Sinn und Fürſtenwürde; und
damit ließ man ſich gewinnen. Durch die Vor-
ſpiegelung, bey der Huld und gelinden Regierung
des Fürſten und der Haltbarkeit der deutſchen
Verfaſſung ſey keine Gefahr zu befürchten, ließ
man ſich einſchläfern. Durch die Drohungen,
man werde für intolerant gehalten, und die Regierung öffentlich heruntergeriſſen werden, ließ
man ſich abſchrecken. O! daß doch die Fürſten
dieſe Sprache beſſer zu würdigen, und den Menſchen ſtarr ins Auge zu ſehen wagten, die ſo
mit ihnen zu reden ſich unterfangen! O! daß ſie
doch zu ihrer eignen und ihrer Völker Rettung
das Schwerd der Gerechtigkeit, das ihnen von

Gott, dem höchſten Oberrichter gegeben iſt, wieder in die Hand nehmen wollten, ehe es ihnen
von einer grauſamen Macht ganz genommen
wird! — O! daß doch alle (S. 46.) die es
können, insbeſondere die Miniſter, deren edelſter
Beruf es iſt, in Zeiten der Gefahr mit Weg-
werfung aller eignen Rückſichten, als wahrheits-
liebende und herzhafte Räthe und Warner ihrer
Herrſcher zu erſcheinen, es allen Fürſten und
Großen, als mit der Poſaune des Weltgerichts,
in die Ohren rufen möchten: Erwachet! Es
iſt die höchſte Zeit! Wenn Religion und Staat,
Fürſten und Völker beſtehen ſollen!

So wie im politiſchen Fach immer mehr
Schriften zum Vorſchein kommen, die mit falſchen Grundſätzen angefüllt ſind, ſo geht es auch
im religiöſen. Von zehen Schriften angeblicher
Proteſtanten iſt kaum eine ächtproteſtantiſch;
eine zweyte hinkt allenfalls auf beyde Seiten,
um es der Ehre oder des Gewinnſts wegen mit
keinem Theil ganz zu verderben. In den übrigen wird die chriſtliche Religion entweder geradezu
beſtritten, und der bloße Naturalismus empfehlen: oder es wird, welches noch ſchlimmer iſt,
weil dabey auf eine betrügeriſche Weiſe zu Werk
gegangen wird, der Naturalismus, und dieſer
nicht einmal immer ächt, in das Gewand der

chriſtlichen Religion gekleidet, und für das wah=
re, reine und urſprüngliche Chriſtenthum ausge=
geben. Denn es hat doch immer noch einige
äußere Vortheile, ein Chriſt zu ſeyn; und daher
mag nicht gerne ein jeder mit der Sprache her=
ausgehen.

Nach dieſem Syſtem, welches im Weſentli=
chen dasjenige iſt, was Damm bereits in den
Jahren 1764. und 1765. aufgeſtellt hat (Beleg X.
S. 66.), und dem die Allgemeine deutſche Bib=
liothek nach und nach beygetretten iſt, und jetzo
ſo viele proteſtantiſche Theologen, obgleich mit
einigen geringen Modificationen zugethan ſind,
weil ſie noch nicht Muth genug haben, die Be=
gebenheiten Chriſti geradezu wegzuläugnen, und
daher ihre Wichtigkeit einſtweilen nur verringern
(Beleg X S. 73.), giebt es in der Religion
keine poſitive Lehren, ſondern alles muß von der
Vernunft nicht blos begriffen werden können,
ſondern auch erfunden worden ſeyn. Nichts be=
ruht daher mehr auf der Autorität Chriſti und
ſeiner Geſandten, die wohl rechtſchaffne Leute,
aber von den Irrthümern und Vorurtheilen ihrer
Zeit nicht frey geweſen ſeyen. Und ſo läugnet
man alle geoffenbarte Lehren von der Gottheit
und der Verſöhnung Jeſu Chriſti an, biß auf
die Auferſtehung der Todten und das zukünftige

Weltgericht. So gar giebt es ſchon Einige
welche Gott die Schöpferskraft abſprechen, und
die Ewigkeit der Welt behaupten. Denn die
Weiſen dieſer Zeit, die Gelehrten des erleuchte=
ten achtzehnten Jahrhunderts, und unter dieſen
vornemlich die Profeſſoren auf den Univerſitäten
(Beleg XIV. S. 97.), müſſen es ja beſſer wiſſen,
als die guten Männer Chriſtus, Paulus, Pe=
trus und Johannes, die nichts von der Philoſo=
phie, nichts von der Kritik verſtanden, und das
alte Teſtament auf eine Art auslegten, welche
ſogar die Anfänger des theologiſchen Studiums
heutigen Tages ſchon ungereimt finden.

Dafür werden ſie denn auch beynahe in allen
Journalen und gelehrten Zeitungen, ſelbſt denen,
welche noch vor wenig Jahren orthodox waren,
als Beförderer des Lichts, als freymüthige und
herzhafte Männer, als Selbſtdenker geprieſen:
oder es wird von ihren Meynungen wenigſtens
ſo gleichgültig geſprochen, als wenn gar nichts
daran gelegen wäre, ob man z. E. eine Aufer=
ſtehung der Todten glaube, wenn gleich Paulus
das Gegentheil ſehr nachdrüklich verſichert (I Cor.
15. 12 — 19.). Zum Unglück haben ſich auch
manche ſonſt nicht übelgeſinnte Theologen, theils
aus Unverſtand und ohne die Folgen zu überle=
gen, theils aus Begierde nach Zeitungslob und

Ehre

Ehre bey Menſchen, bey welchen ſie als mode=
rate Männer angeſehen ſeyn wollten, ſich ver=
leiten laſſen, in manche nachtheilige Meynungen
mit einzuſtimmen, die Beweiskraft der Wunder
für den göttlichen Urſprung des Chriſtenthums
zu ſchwächen und ſie als geringfügig zu behan=
deln, die Weiſſagungen des alten Teſtament zu
verdrehen, wo nicht ganz zu läugnen, und man=
che weſentliche Lehren für gleichgültig unerheblich,
oder blos ſpeculativiſch auszugeben.   Vornem=
lich haben ſie den widerſinniſchen Auslegungs=
Grundſatz, welchen man auf mancherley Art ein=
zukleiden pflegt, der aber im weſentlichen im=
mer dahin auslauft; daß Chriſtus und die Apo=
ſtel manche Irrthümer ihrer Zeit aus Herablaſ=
ſung und Klugheit gebilligt, und es den folgen=
den Zeiten überlaſſen hätten, dieſelben nach und
nach wegzuſchaffen, ungeachtet deſſen, was die
ältern Theologen, welche wohl ſahen, daß man
hiermit zulezt alle Autorität Chriſti und der Apo=
ſtel vernichten, und alles Poſitive in der Religion
umſtürzen könnte, bey Gelegenheit der ſocinia=
niſchen Streitigkeiten, und nachher noch öfters
dagegen erinnert hatten, ſich leider! nur allzu=
wohl gefallen laſſen, und in der Befolgung deſ=
ſelben mancherley ſeltſame Erklärungen aufge=
bracht, bey welchen ſie zwar ihren Witz, ihre

G

Gelehrſamkeit und Beleſenheit zeigen konnten, aber auch die Quelle ſelbſt getrübt, und ſo mit den Feinden des Chriſtenthums trefflich vorgearbeitet haben, welches von dieſen auch gemeiniglich anerkannt und ſtattlich benuzt worden iſt.

So iſt demnach von dem ſogenannten apoſtoliſchen Symbolum, das, ſeitdem es bekannt geworden, noch alle chriſtliche Partheyen angenommen haben, und von dem Chriſtenthum überhaupt, nichts als die Sprache deſſelben, und dann die Taufe und das Abendmahl noch übrig geblieben, deren Werth man jedoch auch ſehr verringert hat. Denn man ſieht ſie für nichts weiter an, als für bloße an ſich unbedeutende Ceremonien, die man zwar auch wohl abſchaffen könnte, den Leuten aber doch laſſen müſſe, weil ſich die Deutſchen dieſe Gebräuche und den geſammten äuſſerlichen Gottesdienſt ſchwerlich ſo leicht möchten nehmen laſſen, als die Franzoſen; auch die meiſten Aufklärer von der Verwaltung des Gottesdienſtes bis jezt noch ihr Brod und ihren Rang in dem bürgerlichen Leben haben, welche beyde auf eine andre Art zu erlangen ſie noch zur Zeit keine Auswege ſehen.

Auf dieſe Art hat man das proteſtantiſche Chriſtenthum, wobey das catholiſche allemal mit leidet, da es meiſtens Lehrſätze betrift, wel-

che beyden Religionstheilen gemeinſchaftlich ſind,
in den Deismus verwandelt, den man auf eine
chriſtliche Art angekleidet, und Ehren halber hin
und wieder mit Ausſprüchen Chriſti und der Apoſtel verbrämt, und ſo mit manche gutmüthige,
nicht weit genug ſehende Leute, welchen man durch
ein offenherziges und mit der Sprache gerade her-
ausgehendes Betragen nicht ſo leicht beykommen
konnte, betrogen hat. Nächſt jenem Auslegungs-
Satz, mit welchem man aus der heiligen Schrift
machen kann, was man nur immer will, hat
man auch manche falſche philoſophiſche Grundſätze zu Hülfe genommen: z. E. daß Gott dieſes oder jenes nicht thun könne, oder das Gegentheil thun müſſe, gleich als wenn der einge-
ſchränkte menſchliche Verſtand dieſes alles fornenweg beſtimmen könnte; daß alles, was die
Vernunft nicht begreiffen könne, auch nicht wahr
ſey, und ſo ferner; welche Sätze bey dem gedachten exegetiſchen Grundſatz immer zulezt im
Hinterhalt lagen. Endlich hat man gar behauptet, es ſey unmöglich, daß ſich Gott offenbaren
könne; und wenn er es könnte, ſo fehlte es doch
an Mitteln, ſich von der Richtigkeit einer göttlichen Offenbarung zu überzeugen, und was dergleichen mehr iſt.

Zu jener großen Abſicht, das Chriſtenthum zwar
dem Nahmen nach ſtehen zu laſſen, in der That
aber ganz auszurotten, bedient man ſich nun in
den neueſten Zeiten auch noch der Känntiſchen
Philoſophie, aus welcher man, ſo wenig ſie auch
noch ſelbſt auſſer Zweifel geſezt iſt, Einwendungen über Einwendungen herholt. Denn obgleich
einige Anhänger dieſer Philoſophie, ſonderlich diejenigen, die zugleich Theologen ſeyn und heißen
wollen, dieſelben zur Unterſtützung des Chriſtenthums, das ihrer jedoch eben ſo wenig als anderer blos menſchlicher Einfälle, Hypotheſen oder
Träumereyen bedarf, bereits würklich gebrauchen; wiewohl ſie ſich noch nicht durchgehends
deutlich erklärt haben, was ſie unter Chriſtenthum verſtehen, und wie viel ſie davon übrig
laſſen wollen: ſo ſind doch ſchon viele aufgetret-
ten, welche daſſelbe durch dieſe Philoſophie untergraben und ſtürzen wollen. Herr Kant muß
ſeine von ihm erfundne Philoſophie doch wohl
am beſten ſelbſt verſtehen und wiſſen, was durch
dieſelbe geleiſtet werden könne und ſolle. Er
aber hält alle Offenbarung für ungegründet; um
es jedoch nicht ganz mit den Freunden derſelben
zu verderben, hat er in ſeiner Abhandlung über
die Religion innerhalb der Gränzen der Vernunft einen Ausweg erfunden. Nach dieſem iſt

zwar das Chriſtenthum eben ſo wohl als irgend
eine andere Offenbarung falſch: weil es aber
doch noch viele ſchwache Leute giebt, welche
demſelben anhängen, und ſich noch nicht zur reinen Vernunftreligion erheben können; ſo muß
man ſie ſchonen, ihnen die Worte laſſen, denſelben aber einen beſſern Sinn unterſchieben,
der mit ſeiner Philoſophie, und mit ſeiner, als
der allein wahren Vernunftreligion übereinkommt.
Zu dieſem Ende geht er dann die wichtigſten po-
ſitiven Lehren durch, und zeigt durch Exempel,
wie man zwar die Ausdrücke der heil. Schrift in
ſo lange, biß die Leute durch ſeine Philoſophie
völlig erleuchtet ſind, beybehalten, ihnen aber
ganz andre und vernünftigere Erklärungen unter-
legen könne; nicht als wenn die heiligen Schriftſteller, als welche hierzu bey weitem noch nicht
aufgeklärt genug waren, dieſe Erklärungen ſelbſt
im Sinn gehabt hätten: ſondern weil kein anderes Mittel übrig ſey, den Schwachen die Vernunftreligion ſchmackhaft zu machen, da man
ihnen die geoffenbarte Religion nicht wohl geradezu entreiſſen kann.

Dieſe Erfindung iſt nicht ganz neu; aber die
Art iſt es, mit welcher Herr Kant zu Werk geht.
Es iſt die ſogenannte allegoriſche Auslegung,
deren ſich unzählige einzelne Gelehrte, auch ganze

Partheyen, jedoch auf mancherley Art, und
mit dem Unterſchied bedienten, daß ſie ſelbſt
glaubten ihre Erklärungen enthielten den eigentlichen und wahren, allenfalls geheimen Sinn der
chriſtlichen Lehren; welcher von dem buchſtäbli-
chen verſchieden ſey. Herr Kant iſt ſo einfältig
nicht, dieſes ſelbſt zu glauben, ſondern das ganze
Ding iſt bey ihm nur eine Art von Haus-
mittelchen, das man eine Zeitlang und neben
andern Mitteln gebrauchen könne, weil die Leute
doch nicht ſo leicht von der Offenbarung abzu-
bringen ſeyen; ein Mittelchen, das, wie ſo viele
andre, zwar im Grunde nichts helfe, aber,
zumal bey dem Gebrauch anderer, die ihre Würkung erſt mit der Zeit thun könnten, doch auch
nicht viel ſchaden dürfte. Die Chriſten ſind ihm
Kinder, denen man die wahre und heilſame Arz-
ney unter Zuckerwerk, oder einem andern Vehi-
ckel, an welches ſie gerade gewohnt ſind, unvermerkt beybringen muß, weil ſie ſich ſonſt
nicht dazu verſtehen würden.

So ungereimt nun dieſes Verfahren würklich
und ſo ſehr es darauf abgeſehen iſt, die ganze
geoffenbarte Religion dadurch, wo nicht lächerlich zu machen, doch gänzlich herabzuſetzen, und
ihr allen innern und eigenthümlichen Werth zu

benehmen: ſo ſehr findet daſſelbe doch ſchon Bey=
fall, obgleich mehrere neuere Exegeten, die am
Ende zwar auch auf das nemliche Ziel, aber
auf andern Wegen, losgehen, demſelben bereits
widerſprochen haben. Denn ſie wollen ſolches
für keine eigentliche und wahre Auslegung gelten
laſſen, als wovon nur ſie allein, wenigſtens die
Orthodoxen nicht, im Beſitz ſeyn wollen; wofür
jedoch Hr. Kant, bey welchem alles nur ein auf
eine Zeitlang dauernder Behelf iſt, ſie auch nicht
ausgegeben hat. Indeß wird es hier ſo wenig
als in andern Fällen an Nachahmern fehlen;
man findet dieſe Erklärungsart bereits in einigen
Schriften für Gelehrte, und bald wird ſie auch
in die Predigten, Catechismen und Erbauungs=
ſchriften kommen und dem Volk eingegeben wer=
den ſollen. Denn ſie iſt ſo mühſam nicht, als
die bisherige, die manche Kentniſſe erforderte;
wie dann ſo gar zu einem erdichteten Sprachge=
brauch, wozu man freylich oft ſeine Zuflucht nimmt,
viel Gelehrſamkeit nöthig iſt, um ihn nur eini=
germaßen wahrſcheinlich zu machen. Hier aber
brauchts nichts, als eine gewiſſe Art von Witz,
um in dieſen oder jenen Lehren oder Ausdrücken
der heiligen Schrift einige Aehnlichkeit mit Kan=
tiſchen Meynungen oder auch Terminologien zu
finden. Auſſerdem iſt auch noch Lob damit ein=

zuerndten, da jetzo die meiften gelehrten Zeitungen, welche auch in diefem Stück einander immer
mehr und mehr nachfprechen, das Werk eines
Schriftftellers, das nur einigermaßen Bezug auf
Philofophie hat: und was kann man nicht alles
dahinziehen? nur infofern rühmen, als derfelbe
Bekanntfchaft und Ehrfurcht gegen die Grundfätze
diefes Fürften der Philofophie zeigt, wie
ihn einige auf eine höchft komifche Art zu nennen
pflegen; wiewohl es fchon Schriftfteller giebt,
die hierbey nicht einmal ftehen bleiben, fondern
ihn, wie in den Beyträgen zur Berichtigung
der Urtheile des Publicams über die franzöfi-
fche Revolution (S. 166.) gefchieht, Chrifto nicht
nur an die Seite fetzen, fondern fo: gar vor-
ziehen, indem er wohl mehr gethan, und das,
was Chriftus und Luther angefangen hätten,
vollendet, und die härteften Feffeln der Menfch-
heit, welches jene nicht konnten, zerbrochen,
auch, wie fogar ein Prediger behauptet hat, eine reinere und erhabnere Sittenlehre als Chriftus felbft, aufgeftellt habe (S. Fragmente zur
Biographie von Bode S. 18. u. f.).

Unmöglich kann diefe Uebereinftimmung fo
vieler Menfchen, Schriftfteller, Journaliften,
Recenfenten und Buchhändler, aus fo manchen

Provinzen von Deutſchland, durch ſo viele
Jahre her, ein bloſes Ungefähr ſeyn. Sie
arbeiten alle auf einen und denſelben Zweck
in der Hauptſache hin; ſie brauchen, ſo man=
cherley auch ihre Gänge ſind, doch im Weſent=
lichen alle einerley Mittel, um dieſen Zweck
zu erreichen. Ohne eine gewiſſe Verabredung
wenigſtens der Hauptführer, ohne einen theils
ausdrücklichen, theils ſtillſchweigenden Beytritt
der Uebrigen läßt ſich dieſe Erſcheinung, der=
gleichen man noch in keinem Zeitalter geſehen
hat, wenn es gleich in einem jeden einzelne Re=
ligionsfeinde und Monarchen = Stürmer gab,
ſchlechterdings nicht erklären.

Man würde ſich mächtig irren, wenn man
ſich, wie man die Welt gerne glauben machen
will, bereden wollte, dieſes alles ſey nichts wei=
ter, als eine Folge von dem Drang der Wahr=
heit, welche eine heller und feſter gewordene
Vernunft endlich angefangen habe einzuſehen.
Denn iſt es Wahrheit, zu behaupten: Gott
könne ſich den Menſchen nicht unmittelbar of=
fenbaren, und folglich müſſe das Chriſtenthum,
wie eine jede andre geoffenbarte Religion, ſie ſey,
welche ſie wolle, Irrthum und Betrug ſeyn? ꝛc.
Es fällt doch beynahe ins Kindiſche, vorzuge=

ben: Gott könne dem Menfchen, welchem er
Vernunft und Sinnen gegeben hat, wodurch er
feine Gedanken feinen Mitmenfchen, und diefe
ihm die ihrigen mittheilen können, feinen Willen nicht bekannt machen! Er, der dem Men=
fchen die Gabe ertheilt hat, fich durch Sprache
und andre Zeichen verftändlich zu machen, könne
das nemliche nicht auch thun, wenn er es für
gut findet! (Pfalm 94. 8, 9.) Er, der alle
Dinge erfchaffen hat und erhält, follte nicht
auf die Seele des Menfchen würken, ihn nicht
in den Stand fetzen können, diefe Würkungen
von feinen eignen Gedanken zu unterfcheiden,
fo wie er diefe von den Einwürkungen andrer
Menfchen auffer ihm unterfcheidet!

Eben fo einfältig, jedoch zugleich boshaft
ift es, vorzugeben, daß der Menfch nur allein
in einer republicanifchen und democratifchen
Verfaffung glücklich fey, in einer monarchifchen
aber nothwendig ein elender Sclav feyn müffe;
da die ältere fowohl, als die allerneufte Gefchichte
fattfam beweifet, daß auch wohl das gerade Ge=
gegentheil Statt finden könne, und wahrer Wohl=
ftand und vernünftige Freyheit in beyden Regie=
rungsarten würklich bald gefunden, bald ver=
mißt werde, je nachdem fie im übrigen befchaf=

fen ſind. Kann man es wohl als eine Folge
einer wahren Aufklärung anſehen, wenn man, der
Erfahrung zum Trutz, die Leute bereden will,
alle Fürſten ſeyen ſchlechthin und ohne weiters
Tyrannen, da dergleichen doch auch zum öftern
in Republicken gefunden werden? Iſt es vernünftig, dem unverſtändigen Pöbel von Freyheit und Gleichheit, die er ſo leicht misverſteht,
viel vorzuſchwatzen, ohne die nöthigen Ein-
ſchränkungen hinzuzufügen; zumal da man
ſelbſt mit Hinzufügung dieſer Einſchränkun-
gen, immer noch Mühe genug haben wird,
ihn im Zaum und von der Störung des bürgerlichen und innern Friedens abzuhalten.

Daß Freyheit und Gleichheit Menſchenrechte
ſeyen, hat man ſchon längſt in unzählichen Büchern gelehrt. Aber die Art, wie dieſes geſchehen iſt, gefällt manchen Leuten nicht. Man
kann damit den Pöbel nicht an ſich ziehen,
ſeine Rolle ſpielen, ſich nicht über andere erheben, kein Bürgermeiſter und Volksreprä-
ſentant werden, des reichern Nachbarn Vermögen
nicht an ſich reiſſen, ſeine Rachſucht nicht befriedigen, nicht alles umkehren und auf den
Kopf ſtellen.

Es ist also nicht Drang der Wahrheit,
der diese Leute begeistert! Eben dieses erhellt
auch aus der Art und Weise, wie man zu Werk
geht, und welche beweiset, daß es hier um ganz
andre Dinge, als um Wahrheit zu thun ist.
Die Wahrheit bedient sich keiner Blendwerke,
keiner Trugschlüsse, keiner bloßen Vorspiegelun-
gen. Sie ist nicht zudringlich, sondern läßt
jedem die Freyheit, ob er sich für sie, oder für
das Gegentheil erklären wolle; sie greift nicht
zu gewaltsamen Mitteln, wie Leute thun, die
nicht sowohl Ueberzeugung und Nutzen stiften,
als vielmehr ihre selbstsüchtige Absichten, Stolz,
Herrsch- Hab- und Rachsucht befriedigen, und
eine wilde Ungebundenheit durchsetzen wollen,
wobey sie sich, wiewohl fälschlich, wohl zu befinden hoffen. Die Wahrheit lästert auch nicht,
verläumdet nicht, spricht nicht auf eine belei-
digende, verächtliche, spöttische, wegwerfende
oder grobe Art von Anderstgesinnten; sie ist der
Liebe ähnlich, die sich nicht ungeberdig stellt,
(1. Cor. 13, 5.) wie so viele neuere Schriftsteller thun, welche einen jeden andern, der
noch Anhänglichkeit an Religion und ordnungs-
mäßige Verfassung, noch Vaterlandsliebe be-
sitzt, und nicht jeden Unsinn für Wahrheit, nicht
jede Anmaßung für Menschenrecht, nicht jedes

vorgebliche Project der Verbeſſerung für Men⸗
ſchenglück anſehen will und kann, als einen
Dummkopf, abergläubiſchen Verehrer alter Vor⸗
urtheile, niederträchtigen Fürſtenſchmeichler oder
gar hämiſchen Böſewicht verſchreyen, nieder⸗
zudrücken ſuchen, und, wenn ſie es könnten,
ihrer Rache aufopfern würden. Wäre der Zweck
dieſer Leute, die Menſchen, inſonderheit in der
untern Claſſen über ihr wahres Wohl, und die
damit nothwendig verbundne Ausübung ihrer
Pflichten, würklich zu belehren, ſo würden ſie
nicht, wie ein Ungeheuer (Beleg XV. S. 110.)
ſchreyen, ſondern ruhig und gelaſſen reden, und
ihren Mitmenſchen und Mitbürgern Zeit laſſen,
die Sachen und ihre Gründe gehörig zu überle⸗
gen; ſie würden ſie wenigſtens nicht mit Lärmen,
Treiben und Stöſſen zu betäuben, nicht mit
Scheingründen und einer ſchwärmeriſchen Bered⸗
ſamkeit zu überrumpeln, nicht mit niederträchti⸗
gen Herablaſſungen zu ihren, auch den gröbſten
Vorurtheilen, nicht mit Schmeicheleyen ihrer
Leidenſchaften einzunehmen, und ſo mit zu den
tollſten Ausſchweifungen vorzubereiten ſuchen.

So iſt dann der große litterariſche Bund
gegen Religion und monarchiſche Staaten be⸗
ſchäffen; dieſes iſt ſein Zweck, und dieſes ſind

die vornehmſten Mittel, die er in Bezug auf
die Schriftſtellerey anwendet; auf dieſe Art iſt
er entſtanden, fortgepflanzt und vergröſſert worden, und ſo operirt er noch würklich fort! Er
war bereits vor den Illuminaten vorhanden, iſt
aber durch die Vereinigung mit den Illuminaten anſehnlich verſtärkt, mächtiger und unter-
nehmender geworden. Abſcheulicheres, und für
Religion und bürgerliche Ordnung gefährliche-
res iſt noch nie in der Welt geweſen!

Indeſſen wird hiermit keineswegs behauptet, daß alle, die zu dem Orden der Illuminaten gehören, an dieſen Abſcheulichkeiten Theil
haben. Nein! es giebt noch viele rechtſchaffne
und edelgeſinnte Männer unter ihnen, die dieſe
Dinge entweder gar nicht wiſſen, oder ſich
wenigſtens nicht dazu gebrauchen laſſen. In
der Regel wiſſen alle diejenigen, welche
ſich noch in den mancherley Graden der beyden untern Claſſen befinden, nichts, wenigſtens
nichts beſtimmtes von den Grundſätzen, die in
dem Prieſter- und Regentengrad des Ordens
enthalten ſind, und laſſen ſich auch gar nichts
träumen von den weitausſehenden Abſichten der
Erlauchten Obern, zuerſt die chriſtliche, und
hernach alle Religion überhaupt umzuſtürzen,
die monarchiſchen Verfaſſungen zu untergraben

und zu zerſtören, wenigſtens den Fürſten die
Hände zu binden, und die Welt ſelbſt und nach
ihrer eignen Manier zu regieren. Auch ſelbſt in
den höhern Graden finden ſich Männer, die an
dieſen Dingen keinen Gefallen haben, nicht mit
handeln, ſich blos leidend verhalten, und im
Stillen wünſchen, daß dieſem Unweſen geſteuert
werden möge, wenn ſie gleich wegen mancher=
ley Verhältniſſen, worinn ſie nun einmal ver=
wickelt worden, nicht Muth genug haben, aü=
zutreten, oder gar, wie der Herausgeber der
neueſten Arbeiten des Spartacus und Philo,
das Geheimniß der Bosheit vor dem großen
Publico aufzudecken.

Demungeachtet bleiben noch Leute genug
übrig, welche die verderblichen Abſichten auf
Staat und Religion durchzuſetzen, keine Künſte,
keine Mühe und Arbeit, und ſelbſt kein Geld ſpa=
ren. Die Anzahl derſelben iſt in manchen Ländern
ſo groß, daß faſt in allen Dicaſterien Illumina=
tiſche Prieſter und Regenten ſitzen; daher es dann
auch nicht zu verwundern iſt, wenn Illuminaten
andern ehrlichen Leuten, wofern ſie nur das ge=
ringſte Nachtheilige über den Orden äußern wür=
den, mit jenen mächtigen Männern bald ver=

deckterweiſe, bald ohne allen Rückhalt zu drohen
ſich unterſtehen.

Auſſer dieſen ſind ſelbſt in den untern Graden
manche Leute, die ſich auf alle nur mögliche Art
zur Beförderung jener Hauptabſichten, von wel=
chen man ihnen allenfalls einige Winke giebt,
gebrauchen laſſen; ſollten ſie ſelbſt auch weiter
nichts zum Zweck haben, als des Beyfalls und
des Vertrauens der erlauchten Obern ſich immer
würdiger zu machen, und höher im Orden zu
ſteigen. Dieſes macht Manchen ſchon niederträch=
tig genug, auch die ſonderbarſten Befehle des
Ordens, wie derſelbe ohnehin gleich bey der erſten
Aufnahme eines Gliedes zu verlangen pflegt,
blindlings zu befolgen. Leute dieſer Gattung ſind
auch Glieder des großen Bundes, wenn ſie gleich
nicht von Allem ganz deutliche Begriffe haben.
Sie ſind die eigentlichen Inſtrumente, durch wel=
che das Meiſte ausgerichtet, und der Zeck des
Bundes, oft ohne ihr Wiſſen, befördert wird;
und wenn ſie nicht mehr thun können, ſo helfen
ſie doch wenigſtens mitſchreyen. Denn ohne ſie
wäre die Anzahl der Schreyer in Journalen und
Recenſionen, in Leſegeſellſchaften und andern Zu=
ſammenkünften ſicherlich nicht ſo groß, als jetzo.

Wer

Wer von dieſen Dingen unterrichtet iſt, muß oft
herzlich lachen, wenn er ſo manchen Minerval=
Knaben oder noch unbärtigen Jlluminatus minor
ſchwätzen, ſchreyen und poltern hört, der, um
es auf das gelindeſte zu ſagen, nicht weiß, was
er thut.

Nächſtdem giebt es auch Leute, welche nicht
eigentlich Glieder dieſes Bundes oder des Jllumi=
naten = Ordens ſind, nichts von der Exiſtenz deſ=
ſelben wiſſen, oder wohl gar treuherzig glauben,
der Jlluminaten = Orden ſey, wie man fälſchlich
vorgiebt, völlig erloſchen, und von den eignen
Heerführern deſſelben aufgehoben worden; weil
man vielleicht die Benennung vermeidet, auch
keine feyerlichen Aufnahmen mehr vornimmt.
(S. Endliches Schickſal des Freymaurer = Ordens
S. 41. auch XVIII. Beleg S. 122. u. f.) Sie
ſind Stäbe in den Händen unſichtbarer Meiſter,
die dieſelben wohl zu gebrauchen wiſſen, ſie bey
aller Gelegenheit unterſtützen, wenigſtens durch
ihre Vertrauten in Journalen und in Zeitungen
als aufgeklärte Männer rühmen laſſen, ſie er=
muntern, auf der angefangnen Laufbahn muthig
fortzufahren, und ſie alſo, ohne daß ſie es ſelbſt
merken, zur Befördernng der Abſichten des Bun=
des ſtattlich gebrauchen. (Beleg IV. S. 21.)

H

Hieher gehören alle Schriftſteller und Recen=
ſenten, die in dem großen Aufklärungsgeſchäfte
arbeiten, und in den Plan des Bundes, wenn
ſie gleich von dem Bunde ſelbſt nichts wiſſen,
mit einſtimmen. Vornemlich gehören hieher ſo
manche junge Gelehrte, die ſich große Köpfe zu
ſeyn ſchmeicheln, wenn ſie gleich von der Nach=
ahmungsſucht noch nicht frey ſind. Dieſe thun
oft Ausfälle auf Religion und Staat, blos aus
dem Grunde, weil ſie merken, daß ſolches Mode
werden will, oder geworden iſt. Wenn ſie nun
ſehen, daß man in den großen und mächtigen,
ſogenannten beliebten Journalen, für welchen
mancher eine kindiſche Furcht und Ehrerbietung
hegt, dafür gelobt, und als ein freymüthiger
Mann, als ein Selbſtdenker, welches die Nach=
bäter, dergleichen ohnehin die meiſten Gelehrten
ſind, ſo gerne ſeyn wollen, geprieſen wird: ſo
fahren ſie fort, und werden endlich rüſtige Strei=
ter, ſo wie ſie Spartacus verlangt. (Nachtrag
der Originalſchriften S. 28.) Es gehören hieher
alle hungrigen Schriftſteller, alle armſelige Fe=
derſchützen und Sansculottes der gelehrten Repu=
blick, deren Exiſtenz und Nahrung von Zeitungs=
Urtheilen und Journal = Lob abhängt; (Be=
leg XVIII. S. 120.) und die auch würklich ge=

lobt werden, wenn ſie gleich das armſeligſte Zeug
vorbringen, wofern ſolches nur ſonſt in den Plan
der Welterleuchter paßt; ſogar lobt man Leute,
welche öffentlich bezeugen, daß ſie keine Freunde
von geheimen Verbindungen ſeyen, und ſich von
keinen Obern derſelben vorſchreiben laſſen wollen,
wenn ſie nur ſonſt und mittelbarerweiſe dem Bun=
de Dienſte thun, indem ſie gewiſſe Materien ſo
behandeln, wie es der Bund gerne ſieht, oder
auch nur Materialien herbeyſchleppen, die der
Bund hernach durch andre Leute, wie es mit
Semlers Sachen oft geſchehen iſt, ſeinen Ab=
ſichten gemäß, verarbeiten laſſen, und vornem=
lich durch ſeine Journale ins Publikum bringen
kann.

Es iſt alſo hier die Rede nicht, weder von al=
len Illuminaten, noch von den Illuminaten allein,
obgleich der vor ihnen ſchon vorhandne Bund be=
trächtlich durch ſie verſtärkt worden iſt. Es iſt
die Rede von dem Aufklärerbund überhaupt, von
den falſchen Aufklärern und ihren Inſtrumenten,
die auf eine gewiſſe Art zuſammenhängen, und ein
Ganzes ausmachen; von den eingebildeten Leut=
chen, die ſich aufgeklärt zu ſeyn dünken, wenn ſie
theils auf Befehl, theils nach dem Muſter ihrer An=
führer, gegen Religion und Staat feindſelig verfah=

ren; vorzüglich aber von dieſen Anführern ſelbſt,
welche unter dem Vorwand, allenthalben Licht
und Glükſeligkeit zu verbreiten, alles, ſo viel an
ihnen iſt, zu verfinſtern, zu verwirren, umzukeh=
ren, und die Menſchheit in das tiefſte Elend zu
ſtürzen trachten, um auf den übriggebliebenen
Trümmern zu herrſchen!

Be=

Belege

zu den

Nachrichten

von

einem großen aber unsichtbaren

Bunde.

Inhalt der Belege.

I.

Zeugniß der Freymaurer - Mutterloge in Berlin 1784.

Das erste und dabey äußerst wichtige Zeugniß von einer Gesellschaft, deren Zweck war, die christliche Religion zu untergraben, und sich in politische Händel zu mischen, findet sich in einem Circulare der großen Mutterloge der Freymaurer zu den drey Weltkugeln in Berlin, worinn es §. 7. wörtlich heißt: „Diejenige Secte, von welcher wir §. 5. reden, kennt jedermann, ohne daß wir nöthig hätten, sie drey Nahmen zu nennen. Von dieser gestehen wir frey, daß ohne Verfolgung oder Partheygeist wir ihre Anhänger niemalen für Freymaurer erkennen, oder den mindesten Umgang mit ihnen haben, am wenigsten ihnen den Zutritt zu unsern Logenarbeiten verstatten werden. Verflucht ist der Freymaurer, der die Religion der Christen zu untergraben, und die erhabene edle Maurerey zu einem politischen System herabzuwürdigen, und zu einem solchen umzuschaffen sich nicht entblödet. Der augenscheinlichen Gefahr nicht zu gedenken, daß dadurch der weltliche Arm spät oder früh gegen die ganze Maurerey erregt werden dürfte. Hinweg mit diesen Uebelthätern!“

Diese Declaration ist im öffentlichen Druck erschienen, schwerlich aber jemanden, außer den Freymaurern, die mit jener Loge in Verbindung standen, zu Gesicht gekommen. Allgemein bekannt aber wurde sie im Jahr 1786, noch ehe die ersten Originalschriften herauskamen, und zwar durch die vollständige Geschichte der Verfolgung der Illuminaten in Bayern, 8. Frankfurt und Leipzig, in der Grattenauerischen Buchhandlung 1786. Erster Theil, wo S. 255. die hier mitgetheilte Stelle aus dem Circulare abgedruckt worden ist, ohne daß zur Entkräftung des häßlichen Vorwurfs auch nur ein Wort gesagt worden wäre. Sie steht Lit. F. unter der Rubrick: Lehrsätze der heutigen Illuminaten oder Freydenker, gezogen aus ihren Classischen Schriftstellern, von welchen sehr zu verwundern ist daß sie in die zur Vertheidigung der Illuminaten geschriebenen Geschichte eingerückt, und nicht das mindeste zur Widerlegung derselben hinzugefügt worden. Nach dieser Geschichte ist das Circulare vom 14. Nov. 1784.

Nachher ist diese Stelle in mehrern Schriften angebracht worden, unter andern auch in der Wiener Zeitschrift 1792, 5. Heft, No. 3. wo aber das Datum vom 11. Nov. 1783. angegeben ist. Woher dieser Unterschied des Datums entstanden seyn mag, ist mir nicht bekannt. Vielleicht rühret es daher, daß das Circulare an die Logen in verschiednen Ländern, auch zu einer verschiednen Zeit expedirt worden ist. Vielleicht waren auch die Ziffern in dem einen Exemplar nicht deutlich genug geschrieben, da in beiden der mit Buchstaben geschriebene Monath, so wie alles übrige

gleichlautend ift. Wäre an dieser Variante et=
was gelegen, so könnte und würde die gedachte
Mutterloge daffelbe leicht klar machen, wenn fie
darum erfucht würde.

II.

Lavaters Nachrichten 1786.

Herr Pfarrer Lavater in Zürch hatte noch vor Erfchei=
nung der Originalfchriften der Illuminaten von Pla=
nen wider die chriftliche Religion Nachricht bekommen,
und einiges davon auf feiner Rückreife von Bremen
geäuffert, und hinzugefetzt, daß diefelben von Berli=
nern herrührten, und Herr Nicolai mit Theil daran
habe. Diefer erfuhr folches, und erklärte es im Au=
guft 1786 in den Zeitungen für eine Unwahrheit.
Herr Lavater antwortete, und wollte, daß fich der
Mann nennen follte, der diefes von ihm gehört haben
wollte; welches auch gefchah. Im November 1786
erklärte Hr. Lavater, daß bey der Gelegenheit, wo
von jenen Planen die Rede gewefen, Hr. Nicolai
nicht, wohl aber Berlin genennt worden fey, worauf
dann (er fagt nicht, von wem?) der Schluß gemacht
worden: Herr Nicolai fey gemeint. Doch fprach Hr.
Lavater dabey von einem Spionen=Orden und von
einer neuen Verbrüderung, die fich mit der Hoffnung
tröffe, daß der Nahme Jefus in polizirten Staaten in
zwanzig Jahren nicht mehr religiös genennt werden
follte. Nachher erfuhr Hr. Nicolai, daß feitdem der
Vorrath der Originalfchriften gefunden worden, Hr.

Lavater vorgegeben habe, er hätte unter dem vorhin gedachten Spionen-Orden und der bemeldten Verbrüderung, die Illuminaten verstanden; worüber ihm aber Hr. Nicolai eine öffentliche Erklärung abforderte, die jedoch, soviel ich weiß, nicht erfolgt ist.

So erzählt Hr. Nicolai die Sache selbst in einer eignen Schrift: Friedrich Nicolai öffentliche Erklärung über seine geheime Verbindung mit dem Illuminaten Orden. gr. 8. Berlin u. Stettin, 1788. S. 102 u. f. Zugleich bringt er verschiednes bey, diesen Orden gegen jene Beschuldigung zu rechtfertigen, und bezieht sich auf die damals noch ungedruckte Graden, vornemlich den kleinen Priestergrad, woraus das Gegentheil erhelle. Allein dieses Vorgeben ist ganz ungegründet, wie man aus diesem nun in den neuesten Arbeiten des Spartacus und Philo gedruckten Grad ohne Mühe ersehen kann, auch damals schon aus dem Nachtrag der Originalschriften ersehen konnte, als in welchen vorgespiegelt worden war: die geheime Lehre Jesu sey gewesen, eine allgemeine Gleichheit der Menschen einzuführen, und die Fürsten entbehrlich zu machen, welches man doch für keine religiöse Nennung des Nahmens Jesu ausgeben kann. Es haben daher auch andere Gelehrte sowohl hierüber, als über die Verbindung des Herrn Nicolai mit den Illuminaten, sich umständlich erklärt, als nemlich Herr Superintendent de Marees in Dessau in dem dritten Heft seiner Briefe über die neuen Wächter der protestantischen Kirche. 8. Leipzig bey Sommer 1788. S. 138 u. f. Ferner ein Ungenannter in der Schrift: Meine ohnmaßgebliche Meynung über D. Starks

II. Beleg.

7

Tonfur, feiner Gegner Scheermeffer, Nicolais Illu-
minatenthum und andere hieher gehörige Materien.
8. Frankfurt am Mayn in der Gebhardifchen Buchhandlung, 1788. S. 152. u. f. Und endlich Herr
D. Starck in feiner Beleuchtung der letzten Anstrengung
des Hrn. Keßler v. Sprengseyfen. 8. Deffau und
Leipzig bey Köhler, 1788. S. 179 u. f. Wo zum
Theil aus den damals noch ungedruckten Graden
gegen Herrn Nicolai argumentirt, und ihm auch die
Theilnahme an der Verbrüderung gegen die Religion
und bürgerliche Gesellschaft, S. 203. Schuld gegeben wird.

Doch diefer Streit des Herrn Nicolai ist, fo
wichtig er an fich felbst ist, hier nur Nebenfache. Die
Hauptfache aber ist, daß Herr Lavater bereits vor
Erfcheinung der Originalfchriften einige Nachrichten
von einer Verbrüderung und von Planen gegen die
chriftliche Religion gehabt hat, worüber man aber
wünfchen möchte, daß er fich deutlicher heraus-
gelaffen hätte. Doch vielleicht wußte er die
ganze Sache nicht vollständig genug, oder er wollte
denjenigen, der ihm die Nachrichten mitgetheilt hatte,
nicht gerne compromittiren. Er hätte es auch kürzer haben, und fich blos auf die allgemeine deutfche
Bibliothek beziehen können, wo der Plan gegen die
chriftliche Religion fchon deutlich hervorleuchtete, und
da fo manche Recenfenten des Religionsfachs einstimmig darnach handelten, eine Verbrüderung oder Verabredung derfelben fo fchwer nicht zu erweifen war.

III.

Reinhard Morgensterns Nachrichten 1786.

Noch vor Erscheinung der Originalschriften war folgendes Werkchen herausgekommen: Der Weisheit Morgenröthe oder Reinhard Morgensterns Epilog an meine lieben Brüder Freymäurer und zugleich ans Publikum. 8. Athen 1786. Diese in mancherley Rücksichten merkwürdige Schrift war schon in der Ostermesse 1786 ins Publikum gekommen; die ersten Originalschriften aber wurden erst im October des nemlichen Jahres entdeckt. Der Verfasser kommt etlichemal auf die Illuminaten, und sagt von ihnen S. 126:

„ Von der Entstehung der Illuminaten hab' ich euch schon vorhin S 64, 65. gesagt, und daß großer Verdacht da ist, daß sie unter den Eklektikern versteckt sind. Werfen nun freylich nicht alle Geheimnisse weg: lassen's wohl bleiben, denn sie brauchen Menschen; und da unter den Maurern viele sind, die dergleichen im Maurer-Orden suchen; so lassen sie einem jeden seine Grillen. Aber ihr Geheimniß ist ein ander Ding, und was denn? Ihr Zweck. Und nun? Sich dem Despotismus und Aberglauben widersetzen. Das ist ja sehr gut! Aber besehts. Dem Despotismus entgegen arbeiten, heißt eigentlich so in den Staaten den Meister spielen, daß die Maurer alles in allem, und die Fürsten nichts weiter als Oelgötzen seyn sollen: suchen daher auch allenthalben alles mit ihren Creaturen zu besetzen, geben sich einander in ihren Quibus licet alle zu diesem

Zweck dienliche Nachrichten, und erhalten dagegen
die nöthigen Vorschriften. Wer ihre Archive unter=
suchen sollt', würd' befinden, daß die Loyoliten noch
Kinder in Vergleich mit diesen sind. Suchen auch
junge Leute zu diesen ihren Absichten zu bilden, auch
durch Schriften, die der profanen Welt als Romane
in die Hände gespielt werden, ihre Denkart auswärts
zu verbreiten. Könnt' davon artige Züge in gewißen
Büchern finden, wo einzelne Fürsten und Höfe so
genau characterisirt werden, daß man sie mit Händen
greifen möcht', überhaupt aber die Fürsten nur die
kleinen Tyrannen heißen. Mögen nun freylich die
grossen Herren nicht immer ihre Pflicht thun: und
wer hat sie je ganz gethan? Werden aber doch für=
wahr immer besser, und war noch wohl nie ein Jahr=
hundert, das so viele gute Menschen zu gleicher Zeit
von Fürsten hatt', als dieses, aber bleibt doch auch
wahr: Dem Fürsten in deinem Volk sollst du nicht
fluchen! Doch was soll dies Bibelsprüchlein? Der
Aberglaube, dem die Illuminaten entgegen arbeiten
wollen, ist nichts anders als das Christenthum selbst:
das soll fortgeschaft, und natürliche Religion an sei=
ne Stelle treten, und dazu wird Bruder B. (Bahrdt,
wie aus der hernach aus S. 168. anzuführenden Stelle zu
ersehen ist.) förmlich besoldet, könnt' mir's sicher
glauben. Weiß es so gewiß, als ob ich die Briefe
selbst gelesen hätt'; könnt' euch so von dieser Sect',
als von jener (der Rosenkreutzer) eine ganze Reihe
von Nahmen herschreiben, und Documente dabey
legen, wenn's mit meiner Absicht überein käme.
Könnt' euch des in der Warnung über Freymaurer

mehr unterrichten. Ist zwar nicht zum Besten geschrieben, aber wahr an der Hauptsache, und mehr
ist nicht nöthig. "

S. 163. a. Betrachtet mir einmal euer Entgegen-
arbeiten gegen den Despotismus. Das ist ein arges
Ding. Daß ihr euch einander Rapport abstattet, daß
ihr in euern Quibus licet genau angebt, welche
Leute euern Absichten im Wege stehen, und welche euch förderlich seyn können, daß ihr hie und da
eure Creaturen hinzupflanzen sucht, und andere entfernt, daß ihr euch zu Geißeln der Regenten aufwerft,
daß ihr eure Kosmopoliten-Grundsätze allenthalben
auszubreiten sucht: wie stimmt das alles mit euern
Maurerpflichten? Da seyd ihr nicht gute Bürger
mehr: da wird ja die Maurerey von euch gemisbraucht,
um eine Rott' zu sammeln, der nichts weiter als
ein glücklicher Zeitpunkt fehlt, um alles umzukehren.
Würd's man den Obrigkeiten verargen können, wenn
sie, wie neulich Carl Theodor gethan, gar keinen
Maurer mehr in ihren Ländern dulden wollten? —

S. 165. betrachtet mir einmal eure vorhabende
Religions-Verbesserung — Dem Aberglauben wollt'
ihr steuern? Ist nicht euer Beruf, Brüderchens.
Kommt den Regenten, und deren Autorität, den Gelehrten, Geistlichen und Philosophen zu. Laßt die
predigen, und das Ihre thun. Was nennt ihr aber
Aberglauben? Da siehts erbärmlich mit euch aus.
Will nicht sagen, daß eure natürliche Religion ein
Mährchen ist, daß es keine giebt, daß der Mensch
keine angebohrne Begriffe von einem höhern Wesen
hat, daß all das, was ihr philosophische Religion

heißt, ein Plunder ist, lauter gestohlne Sachen mit
philosophischen Gründen ausstaffirt. Ueberlaßt das
Disputiren darüber den Gelehrten. Mag auch wohl
nur Wortstreit seyn. Wollen euch dann immerhin eure
natürliche und blos philosophische Religion lassen;
mag eine einheimische Pflanze seyn, die vonselbst
auf des Menschen eigenem Grund und Boden wächst,
oder anderswoher geholt, und dahin gepflanzt seyn;
laßt uns dagegen auch unser Christenthum unange-
tastet. Daß ihr aber unter dem Vorwand, euch dem
Aberglauben zu widersetzen, unser Christenthum
selbst untergraben wollt, Leute dingt, die unsere
Offenbarung für ein Hirngespinst ausschreyen müssen,
gerade in den Tag hineinschreiben müssen, Christus
habe bei seinen Wundern Betrug gespielt, wobey
ihrs ärger macht, als die Juden jener Zeit; habe
seine Curen von Aegyptischen Charlatans erlernt, habe
eine Loge von drey Graden errichtet, da denn zu
der letzten diejenigen, die um die Kunststücke mitge-
wußt, eingeweihet worden, (welches alles Bahrdt
bekanntlich vorgegeben hat, und der hier also gemeynt ist.) und wie die Abgeschmacktheiten weiter
lauten; wer wird euch das verzeihen können?

,, Wer kann es gelassen zusehen, daß das Haupt-
band bürgerlicher Gesellschaft, Religion, auf solche
Weise angegriffen, die Person, die wir als Stifter
unserer Religion ehren, wär er auch nichts mehr,
als ein Socrates gewesen, so gemishandelt, das
Heiligste, was Menschen haben können, nemlich ihre
Religion, so entweiht und in den Staub getreten,
und seinem Nebenmenschen dasjenige, was ihm noch

in diesem Leben den gröſten Troſt gewährt, und ihn
nach allen Arbeiten deſſelben in jenes noch mit Er-
quickung und Heiterkeit hinüber ſehen lehrt, auf eine
ſo ſchnöde Weiſe entriſſen wird?

   ,, Das iſt gewiß eine herrliche Aufklärung, deren
ihr euch erfreuen, und euch den glänzenden Nahmen
Illuminaten beilegen dürft! Gewiß, Satan muß ſich
nie mehr gefreut haben, als wie er ein Mittel aus-
findig gemacht, in einem tugendhaften und ſeinen
Abſichten ſo ſehr entgegenſtehenden Orden, als die
Maurerey iſt, eine ſolche Schule in ſeinem Guſto an-
zulegen!''

IV.

Auszüge aus der Enthüllung des Syſtems der Weltbürger-Republick 1786.

   Eine andre äuſſerſt wichtige Schrift erſchien ebenfalls noch vor den erſten Originalſchriften der Illuminaten, unter dem Titel: Enthüllung des Syſtems
der Weltbürger-Republick. In Briefen aus der Ver-
laſſenſchaft eines Freymaurers. Wahrſcheinlich manchem
Leſer um zwanzig Jahr zu ſpät publicirt. 8. Rom,
1786. Der hinten angehängte Epilog iſt vom 1. Februar 1786 datirt, und die Schrift war bereits in
der Oſtermeſſe dieſes Jahrs zu haben.

   Der Zweck dieſer Schrift gieng dahin, zu zeigen, daß die an ſich ſelbſt unſchuldige Freymaurerey
in ſchlimmen Händen ſey, und, um ganze Staaten

und ihre Systeme zu untergraben, gemißbraucht werde. (S. X. XIII. S. 457.) Die Leute, welche unter dem Vorwand, die ganze Welt zu erleuchten
und zu beglücken, ihre eigne selbstsüchtige Absichten
zu erreichen suchten, nennte der Verfasser Weltbürger. Er verstand hierunter nicht blos die Illuminaten, welche sich vorzüglich dieses Nahmens rühmten, sondern alle und jede, die durch Hülfe der Freymaurerey gewiße Plane hatten durchsetzen wollen.
(S. 455.) Indeß zielte doch das Meiste auf die
Illuminaten, die, ob sie gleich nicht namentlich genennt wurden, als Leute beschrieben worden, die
unter der Vorspiegelung einer religiösen und bürgerlichen Freyheit die christliche Religion verdrängen und
die Verfassung der Staaten umstürzen wollten; als
welches man von keiner andern Parthey unter den
Freymaurern sagen kann. Sicherlich sahen mehrere
Leute in- und außerhalb des Illuminaten-Ordens
wohl ein, daß derselbe vorzüglich gemeint sey. Dagegen aber wurden auch viele an dem Buch irre, weil der
Verfasser die Illuminaten bei der Vorstellung ihres
Systems nicht ausdrücklich genennt hatte. Zwar hatte
er sie anderstwo (S. 427. u. f.) genennt; aber er
war so schnell über sie weggegangen, daß diejenigen, welche die Illuminaten noch nicht genau genug kannten,
eben deswegen nicht daran dachten, daß dieselben
die Hauptfigur in seinem Gemälde seyen. Denn ob
man gleich aus denen vor und um diese Zeit erschie-
nenen Schriften wohl sah, daß die Illuminaten weit-
aussehende Absichten hatten, so war doch alles bey
weitem noch nicht so klar, als es nachher durch die

Erscheinung der Originalschriften und deren Nachtrag
geworden ist. Der Verfasser kannte sie schon damals
sehr gut, wie man nunmehr sieht. Wenn man die
Schilderungen, die er von den Weltbürgern gegeben
hat, mit denen in den Originalschriften vorkommen-
den Nachrichten, wie auch mit den nachher gedruckten
Graden, vornemlich dem Priester - und Regenten-
Grad in den sogenannten neuesten Arbeiten des Spar-
takus und Philo vergleichen will. Er mag aber seine
Ursachen gehabt haben, warum er gerade da, wo er
unstreitig von ihnen sprach, ihren Nahmen nicht
nannte, sondern nur hier und da einige Winke gab,
wie z. E. auch in der Vorrede geschah, wo S. XIV.
das Wort Illuminiren nicht umsonst gebraucht wurde.

Dadurch geschah es dann, daß manche Leute den
eigentlichen Gesichtspunkt verfehlten, wenigstens nicht
wusten, wo sie die Weltbürger, die solcher Abscheu-
lichkeiten fähig seyen, suchen sollten. Hierzu kam
noch, daß der Verfasser die Verbündeten, die er so
häßlich abschilderte, mehrmalen Jesuiten nennte. Er
unterschied zwar Jesuiten und Jesuitismus etlichemal;
aber man übersah dieses, zumahl, da Rom zum öftern mit eingemischt wurde, welches zwar der Verfasser auch in einem figürlichen Sinn nahm, der aber
doch nicht einem jeden sogleich einleuchtete. Da nunge-
rade damals die Meynung, daß Jesuiten sich nicht
blos in die Freymaurerey eingedrungen, sondern auch
mehrere angesehene protestantische Geistlichen, und
selbst Fürsten, auf ihre Seite gezogen hätten, stark
betrieben wurde, so war es sehr begreiflich, daß
manche Leser auf die Gedanken kamen, die Rede sey

von den förmlichen und eigentlichen Jesuiten, welche
durch die Freymaurerey würken wollten, und diese
so gräßlich mißbrauchten, obgleich der Verfasser alle
Leute überhaupt meynte, welche Jesuitische Grundsätze hegen, und nach einer Alleinherrschaft über die
Gemüther streben, sie mögen nun den Jesuitenrock
getragen haben, oder nicht, Protestanten, oder Catholicken, oder Deisten seyn.

Sein Werk erhielt in der Jenaischen allgemeinen
Litteratur-Zeitung 1786, St. 143. wie auch noch
in einigen andern Zeitungen, eine günstige Recension,
worinn unter andern gesagt wurde: „Diese Schrift
müste ihres Zwecks ganz verfehlen, nicht so stark und
kräftig geschrieben seyn, wenn sie nicht, wie man
voraussehen kann, Feuer in den Gebeinen der sogenannten Weltbürger, und hier und da Unwillen,
und heimliche sowohl, als öffentliche Gegner wider
sich erregen sollte." Das Letztere geschah auch wirklich, und es erfolgten mehrere ungünstige Recensionen hin und wieder; und selbst in der gedachten Litteratur-Zeitung wurde bald hernach, St. 282., unter dem Vorwande der Unpartheylichkeit, als ein
seltnes Exempel, eine zweite ganz anderst lautende
Recension eingerückt, der man es, wie verschiednen
andern ansah, daß der Verfasser den rechten Fleck ge-
troffen hatte, so wenig man solches auch einzugeste-
hen Lust hatte.

Dieses bewog denselben eine abermalige Schrift,
unter dem Titel: Aufschluß und Vertheidigung des
Systems der Weltbürger-Republick, nebst einer
Bitte an die Leser. 8. Rom 1787. herauszugeben,

worinn er auf die schiefe Recensionen nicht nur antwortete, sondern auch manches zur weitern Aufklärung der Sache selbst beyfügte, und sich insonderheit
über die Jesuiten erklärte, die er gemeynt hatte.
,,Sucht nicht mehr den Jesuiten, sagt er unter andern, S. 15, nur im Orthodoxen, nicht mehr nur
im Heterodoxen, nicht absolut im Illuminaten, nicht
durchaus im Rosenkreußer, nirgend da, wo er nicht
absolut ist; sondern sucht ihn da, wo alle ehrliche
kluge Leute ihn suchen, wo er ist: wo ihr Plan zu
Unterjochung des Menschen-Verstandes, Alleinbe-
herrschung, und angemaßte Untrüglichkeit sucht!''

Allein dieses zweite Werkchen wurde wenig bekannt. Unter andern Ursachen scheint eine andre
Schrift, die fast den nemlichen Titel führte, hierzu
viel beygetragen zu haben. Sie hieß: Vollendeter
Aufschluß des Jesuitismus und des wahren Geheim-
nisses der Freymaurer, ans Licht gestellt von dem
Herausgeber der Enthüllung der Weltbürger-Republick, aus den Papieren seines verstorbenen Vetters.
8. Rom 1787. In derselben wurde das Vorgeben,
daß allenthalben heimliche Jesuiten herumspuckten,
zwar lächerlich gemacht, aber auch dabey vorgespiegelt, daß eben dieses der Zweck der Enthüllung gewesen sey, deren ganzer Gesichtspunct dadurch ver-
schoben wurde.

Man müste die Enthüllung und den zuerst genan-
ten wahren Aufschluß derselben mehr als zur Hälfte
abschreiben, wenn man alles, was der Verfasser von
den für Staat und Religion so gefährlichen Machinationen der sogenannten Weltbürger vorbringt, und
welches

welches so ganz mit demjenigen übereinstimmt, was man nunmehr aus den Originalschriften und den neuesten Arbeiten zuverläßig weiß, hier mittheilen wollte. Auch sind die Mittel, welche die Weltbürger zur Erreichung ihrer Absichten nachher noch angewendet haben, jetzo allgemein bekannt, obgleich diejenigen, welchen am meisten daran gelegen seyn sollte, gemeiniglich am wenigsten davon wissen. Die Revolutionen, von welchen der Verfasser damals sprach, als ausser denen, die sie vorbereiteten, noch kein Mensch weiter daran dachte, und von welchen er versicherte, daß sie unausbleiblich seyen, daß er sie erwarte, und sicher voraussehe, wenn er gleich ihren Anfang nicht bestimmen könne, (S. VII.) sind inzwischen schon zum Theil erfolgt, und werden noch weiter erfolgen, wenn diejenigen, welche es können, den unbefugten Weltverbessern nicht bald das Handwerk legen; sondern ihnen noch ferner freyen Spielraum lassen.

Mehrere Recensenten giengen gar so weit, den Verfasser als einen heimlichen Jesuiten darzustellen, und ihm aufzubürden, daß er alle und jede Aufklärung, Philosophie, Denk und Preßfreyheit, Schriftforschung und so ferner, durch Hülfe der Fürsten unterdrucken wollte, welches man dann für jesuitisch erklärte. Und doch hatte er mehrmal ausdrücklich hinzugefügt, daß er von der falschen Aufklärung und der so sehr gemisbrauchten Denk und Preßfreyheit rede. (z. E. S. XIV. S. 389.) Aber es war schon damals Mode, und ist es hernach immer noch mehr geworden, denjenigen, der sich nicht jeden abgeschmackten, unsinnigen oder gar gefährlichen Einfall eines jeden vor

b

geblichen Lichtmachens aufheften lassen will, für einen
Feind aller Aufklärung überhaupt auszuschreyen; mit
welcher Verläumdung man einen jeden rechtschaffenen
Mann, der in die Absichten der Religions = und Staa=
ten = Stürmer nicht einstimmen, sie nicht befördern
will, sondern ihnen wohl gar entgegenarbeitet, um seinen
ganzen Credit zu bringen, und die vernünftigsten, und mit
unwiderleglichen Beweisen versehenen Vorstellungen
desselben unkräftig zu machen sucht.

Diesem hatte der Verfasser zum Theil in dem an=
geführten Aufschluß nachdrücklich geantwortet, zum
Theil that er es noch weiter im folgenden kleinen
Schriftchen: Erstes Sendschreiben an meinen Freund
L. . . . veranlaßt durch einen Artikel in der Berliner
Monatsschrift December 1786. unter der Nummer 6.
(worinn die Enthüllung für ein gefährliches Buch
ausgegeben worden.) 8. 1787. Hier erklärte er sich
nochmals, daß er unter Jesuiten alle Leute verstehe,
welche das Monopolium über Menschenverstand und
Religionsbegriffe sich allein vorbehalten, möge sie nun
Rom erschaffen haben, oder wer sonst; möge ihr
Stifter Inigo oder anderst geheißen, mögen sie ehe=
dem Tonsur getragen haben, oder jetzt keine tragen,
oder nie keine getragen haben; alle Leute, die für
uns alle Verstand haben, sich zu Häuptern und Leh=
rern aufwerfen, und den ächten protestantischen Lehr=
begriff untergraben und einstürzen wollen. S. 9. Er
sprach S. 3. von einer Aufklärergilde, von neuen
Hierarchen, die vom gesunden Menschenverstand blos
auf ihrer Seite reden, die wider andre freye Men=
schen ein Bündniß verabredet haben, und nach wel=

chen der Geist des Protestantismus in nichts weiter,
als in der Kunst, die Vernunft über die Offenbarung
zu setzen, (S. 5.) und im Frey-Raisoniren bestehen
soll, wornach aber alle Gegner der christlichen Religion auch Protestanten seyn würden. S. 6. Er sprach
von Pächtern der Aufklärung, welche die freye Denk-
weise anderer despotisiren wollen, und sich für untrüglich ausgeben; von einer Congregation de propaganda
exfide S. 7. die die Freyheit der Presse nur für sich
anführe, und ihre naturalistische Grundsätze unter dem
Nahmen: Resultat des Geistes des Protestantismus
debitire; S. 8. von Genoßen der Berliner allgemeinen Bibliotheck, welche den Evangelischen Lehrbegriff
von lange her untergraben hätte; S. 10. von Leuten,
deren Ritterzüge gegen die Jesuiten tiefer in ihrem
Plan lägen, als es anfänglich geschienen, bis es sich
endlich ergeben habe, daß sie, als wahre anmaßliche
Herren, des großen litterarischen Oceans, in Kraft
ihres Bündnisses ohne allen Unterschied auch auf jeden
ehrlichen protestantischen Schiffer lossegelten, und
wenn er die Flagge nicht so fortstrich, ihre Schiff-Acte
nicht anerkennen wollte, ihm sofort die volle Lage
gäben, und ihn, als einen Jesuiten, in den Grund
bohrten. S. 11. Von Leuten, welche den Plan gemacht, uns alle ihrem Primat zu unterjochen, und
ihren Quasi-Protestantismus dem ächten mit Gewalt
und mit List unterzuschieben S. 13.

Er setzt hinzu: unter dem litterarischen Unwesen
leide wahre Religion, Fürsten-Ehre und Privatruhe
bereits sehr, und werde noch mehr leiden. S. 14.
Jeder Wirrkopf, jeder Stirnlose, jeder Planmacher,

ziehe die Rechte der Toleranz für sich an, und be-
haupte, der Beruf aufzuklären sey ohne weitere Frage
auch ihm ertheilt. Eine Menge von Sophistereyen,
Läsierungen, Narrheiten, Tollheiten, Ausgeschämt-
heiten sey seit ohngefähr 20 Jahren durch die Presse
in Deutschland verbreitet worden. S. 15. Die Staaten seyen zu indoleat oder zu kurzsichtig gewesen,
sich das Direktorium über die Presse vorzubehal-
ten. Wer seine Privat = oder Societäts = Meynung
in Religionssachen allein geltend machen wolle,
der sey jesuitischen Geistes. Wenn Irreligion
laut geprediget, wenn die grösten Injurien gegen Fürsten geduldet, authorisirt, und endlich durch die Presse
allgemein gemacht werden sollten, so sey Preßfreyheit,
da man sie von Seiten des Staas in Preßfrechheit
habe ausarten lassen, ein trauriges Geschenk für die
Menschheit. S. 17. Uebertriebene Toleranz sey die
schröcklichste Geissel derselben, und vermöge dieser
verlange man schon Freyheit für Gottes = und Fürsten-
Lästerung, S. 17. wie Bahrdt in dem Büchlein
über Preßfreyheit that, als worauf hier gezielt wird.
In Deutschland wolle ein jeder Schreibler das Recht
haben, von seinem Bodenloche geistige Ardüren,
Geckereyen Pasquillen, Unsinn u. s. f. herabzuwerfen,
zu geifern, sie drucken zu lassen, und das Freymüthigkeit,
Philosophie und Auffklärung zu nennen. S. 25. Ueber
die Frage, was Auffklärung sey, könnten die Herren
Bibliotheckenschreiber nicht allein entscheiden, noch sonst
ein besonderer Bund u. s. f. S. 25 — 27. Denn dieser Aeußerungen giebt es noch mehrere in dem kleinen
Schriftchen, welche, wie die andern angezognen Schrif-

ten dieses Autors, hier weiter nichts beweisen sollen,
als daß es in den Jahren 1786 und 1787 Männer
gab, welche das litterarische Unwesen kannten, und
wußten, daß ein Bund von allerley Leuten vorhanden war, die dasselbe verursachten und beförderten,
und daß die allgemeine deutsche Bibliotheck schon damals hieran einen großen Antheil gehabt habe.

In der Enthüllung, worauf ich noch einmal zurück komme, werden die Mittel angegeben, deren sich
die Illuminaten zur Erreichung ihrer Absichten bedienen, und welche genau mit demjenigen übereinstimmen,
was hierüber in ihren eignen Schriften davon vorkommt.
Hieher gehört indeß nur dasjenige, was auf die Litteratur Bezug hat. Im Reich der Wissenschaften und
der Litteratur geben wir den Ton an, sagt der Meister, welcher redend eingeführt wird, S. 249. folglich haben wir die besten Köpfe jedes Volks, jeder
Confession, auch der Ihrigen, mein lieber Lutherischer
Bruder, in unsrer Gewalt, ohne daß sie es wissen.
Auf die Einwendung, daß doch auch manche schlechte
Leute Bücher schreiben, antwortet der Meister S. 250.

,, Laß sie schreiben! Sie schreiben zwar wie der
Blinde von der Farbe; aber sie thun uns doch wesent-
liche Dienste. Sie erhalten Duldung, Rede-Schreib-
und Preßfreyheit im Gang, predigen das Kreuz gegen
ihren christlichen und bürgerlichen Despotism und Aberglauben, reden Volkssprache der Freyheit mit dem
Pöbel und Matrosenvolk, und selbst ihr Deraisoniren,
ihr Hitzigfieber-Gewäsch, hat seinen Nutzen. Es gewöhnt die Polizey, die immer nur auf den gegenwärtigen Moment sieht, Litterarischen Unfug für Arm-

seligkeit hält, und beym äußerlichen stehen bleibt daran
die ungeheuersten Dinge laut sagen und schreiben zu
laffen. Die Wirkung davon liegt nicht offenbar vor
ihrer Nafe, alfo würdigt fie dies alles keiner Aufmerk=
famkeit. Sie läßt die Köpfe des Volks behandeln und
drehen, fo lange es, ihrem Begriff nach, nur nicht
über die bürgerliche Obedienz, im engften Verftande
nicht über ihre Perfönlichkeit hergeht. Treibt es aber
ja einer unferer Weltbürger = Kalmucken fo weit, nun
fo bezahlt er mit feiner Preffe. Wird er bey den Oh=
ren genommen, fo geht es auf feine Rechnung. An
uns, als Corpus, als Zunge in der Waage, denkt
kein Menfch. Indeß ift die Sache gefchehen. Die
Schandfchrift wird zwar abgenommen, der Pasquillant,
der Rebell und wie die Wiederfprüchlein der ernften
Dame: Bürgerpflicht, heiffen, wird eingefperrt;
aber das Volk hatte die Schrift doch gelefen, nahm
den Geift davon mit nach Haufe, und kannegieferte
über Pfaffen und Fürften und obrigkeitliche Gewalt.„

Wir haben auch S. 252: unter den Proteftanten
unfre Verbündeten, und nicht initiirten Werkzeuge
in Logen und auffer denfelben. Ich dächte, fie müften
doch z. B. bemerkt haben, daß eine Menge Ihrer
Gottesgelehrten die Dogmatick und die Symbolifchen
Bücher ins Auskehricht verweifen; andre, die Em=
pfindungen und Gefühle wegpredigen, lächerlich und
verdächtig machen, andre den Deism laut affigiren,
die Bibel als ein Systema abderitico - philofophicum be=
handeln, und Glauben an göttliche Traditionen wegzu=
raifoniren bemüht find. „ —

Haben Sie auch S. 253. noch keine deutsche sta-
tische Schrift gelesen, auf welcher der Stempel Phi-
ladelphia, bürgerliche Unabhängigkeit, Fürstenhaß ꝛc.
unverkennlich geprägt stand? — Alles prätendirt denken zu können, weil jedermann denken soll; und ich
will ihnen mehr als einen Dorfschultheiß zeigen, der
seine Portion Aufklärung in die herrschaftlichen Mandate eben so gut, als in die Bibel überträgt, und
in der Dorfschenke seinem strupphärigen Autitorio
collegia antibiblica und antipolitica liest; mehr als
einen Bauer, der sich herzlich wundert, wie man nur
jezt noch so dumm seyn, nnd glauben könne, es sey
Christenpflicht, Steuern und Contributionen zu ent-
richten, und sich mit einem Weibe zu begnügen."

„Aller Zwang wird aufgehoben; S. 255. alles neigt sich
zur Freyheit, die wir wünschen und befördern. — Auch
der Soldat wird endlich fühlen, daß er einen Kopf
habe, und einsehen, daß der blinde Gehorsam, dessen
stärkste Stütze Er ist, ihm gerade zwiefach auf dem
Nacken liegt. —

„Man muß S. 257. das Denken erst allgemei-
ner, leichter, und also annehmlicher machen. Wenn
jeder erst denken kann, dann wird er es auch gern
wollen. Indeßen dehnt man Preßfreyheit und Toleranz
immer weiter aus. Haben Pfaffen erst keine Stimme
mehr, so muß es am Ende dahin kommen, daß Deism,
der keine Pfafferey zuläßt, und auf Empfindung und
Sinnlichkeit nicht beruht, sogar öffentlich geduldeter
Cultus wird. Universalreligion der besten und klüg-
sten Köpfe ist er schon, und so wird er am Ende,

wenn schon nicht Allgemein, doch herrschend werden. To eran aber muß ihm den Weeg bahnen. " —

Die Obrigkeit würde dem Entwurf: auf Freyheit des Denkens über religiöse Gegenstände bürgerliche Freyheit zu gründen, freylich ein Ende machen, wenn sie den Plan wißten, oder besser, ihn durchschauen könnte. Wär dies an sich möglich, meynen Sie nicht, daß sie es längst gethan hätte? S. 258. " —

"Der Leute, S. 259. die fürs Unsichtbare Augen prätendiren, sollen successiv immer weniger werden. Dazu dient Aufklärung. Die übrigen, die bey ihren fünf stupiden Sinnen bleiben, soll die Toleranz so kirre machen, daß die Vernünftigen nichts von ihnen zu fürchten haben. Wer dann noch übrig ist, und Symbol braucht, wer dann noch durchaus glauben will, was man ihm aufheftet, nun der bleibe Sklav. Man läßt diesen Plattköpfen die Tradition, die Bibel; aber man behält sich die Exegese vor. Man läßt dem Pöbel die Pfaffen, aber man initiirt sie. Diese declamiren dann Sittenlehre, und beschäftigen so die Engbrüstigen, sie predigen auf der Canzel Naturlehre, reden vom Ackerbau, von Blitzableitern, kurz, von allem, nur nicht von Dogmatik der Bibel, und entwöhnen so nach und nach die Stechhaufen ihrer Heerde von der wollüstigen Weide der Herzens-Behaglichkeit. Die Lämmer aber, die Jugend, wird früh nach andern Grundsätzen geformt, und endlich stirbt doch der alte Hauffen aus! " —

"Dermalen ist es, S. 279. Dank sey es dem Geist des Protestantism, der so sehr zur Denkfreyheit führt, daß jeder einzelne Doctor dieses Bekenntnisses

das Recht, andrer Meynung, als seine Collegen, zu
senn, eo ipso für sich hat! dahin gediehen, daß die
Herrn Antirömer sehr zu thun haben sollten, wenn
sie iezt beweisen müßten, ihre Confession sey eine von
denen, auf dem Reichstag im Jahr 1555. im heil. R.
Reich deutscher Nation confirmirten Bekenntnissen!
So weit sind wir übrigens längst, daß die gescheute-
sten Köpfe des Protestantismus dafür halten, Pfaffen
seyen allenthalben nur Pfaffen; die Bibel überall nicht
vielmehr, als christlicher Wedam." —

„Je höher die Aufklärung unter den Protestanten
steigt, S. 285. desto tiefer sinkt Bibelansehen, und
mit ihm NB. denn das ist eigentlich Hauptsache!
Despotism der weltlichen Macht, die sich auf Bibel
und Aberglauben steift. „ —

„Nehmen Sie S. 290. das noch als Evange-
lium mit nach Hause. Soll es je Friede auf Erde
geben, so ist durchaus nothwendig, nur eine Oberge-
walt, nur ein Volk zu haben. Dahin arbeitete Welt-
bürgerschaft von Anbeginn — Väter S. 308. Mütter ihres Volks sind nicht Väter und Mütter der
Menschheit. Ich hoffe, Sie verstehen mich, und be-
greifen doch nun endlich, daß alle bisherige Form und
Vielgestaltigkeit im religiösen und politischen Sinn
aufhören muß, wenn Cosmopolitischer Sinn allein
herrschend werden, wenn Menschheit glücklich: das
heißt frey werden soll. " —

So und noch viele andre Dinge dieser Art sagte
der Meister. Sein Lehrjünger begriff zulezt gar wohl,
wo die Weltbürger hinaus wollten, hielt es auch dem
Meister vor, und entfernte sich, nachdem er unter

andern gesagt hatte: S. 311. "Zu wünschen wäre
es, daß man die Herren, die den Unfug so unver=
schämt zu treiben anfangen, und die schon so weit
um sich gegriffen haben, für die tiefe Speculation auf
Fürstenhüte, von Obrigkeitswegen ein klein wenig
an den Pranger stellen und dann an irgend eine Schub=
karre anschweißen ließ, um die Erde, die sie in ein
Narren = und Tollhauß verwandeln wollen, vor der
Hand erst von Gassenkoth zu säubern."— So schrieb
ein Biedermann, und legte bereits im Jahr 1786 ein
System, das noch im Finstern schlich, öffentlich vor;
und warnte für den Folgen desselben. Aber man
nahm es nicht zu Herzen; jetzo ist es zehnmal ärger,
als damals; ein großer Theil des Plans jener Welt=
bürger ist schon in Ausübung gebracht, die Aeusserung
und Weißagungen dieses Redlichen sind bereits durch
unzählige der auffallentsten Thatsachen bestättigt wor=
den; und doch — — — —

————————

V.

Auszüge aus de Marees Schriften
von 1786 — 1794.

Daß in der allgemeinen deutschen Bibliotheck ein
Plan zum Grunde lag, nicht bloß die protestantische,
sondern auch die christliche Religion überhaupt zu ver=
drängen, welcher von Zeit zu Zeit immer sichtbarer
wurde; das hat Herr Superintendent de Marees in
Dessau ausführlich und zugleich handgreiflich erwiesen,

in seinen Briefen über die neuen Wächter der prote=
stantischen Kirche. 8. Leipzig, bey Sommer. Erstes
Heft. 1786, zweytes 1787, drittes 1788.

Im ersten und zweiten Heft wird das System,
das in der allgemeinen deutschen Bibliotheck, wie auch
in dem Tellerischen Wörterbuch herrscht, nach seinen
wichtigsten Theilen vorgestellt, und von jener folgen=
des Urtheil gefällt:

Erstes Heft, S. 9. „Man konnte es vorher=
sehen, daß die in der allgemeinen deutschen Biblio=
theck nun bereits durch 80 Bände methodisch fortge=
sezten Angriffe, erst nur der Dogmatick und des Com=
pendiums, dann der symbolischen Bücher, dann alles
dessen, was nicht nur die protestantische, sondern die
ganze christliche Kirche eigenthümliches hat, endlich
des göttlichen Ansehens der ganzen heiligen Schrift,
auf nichts anders hinzielen, als auf einen Naturalis=
mus, oder wie man nun mit der Sprache heraus=
rückt, eine reine Vernunftreligion. — Protestantische
Gottesgelehrten greifen S. 10. einen Grundartickel
des Christenthums nach dem andern an; lassen
im ganzen allgemeinen Glaubensbekenntniß vom Schö=
pfer Himmels und der Erden, bis zur Auferstehung
des Fleisches, nichts unangefochten. — Endlich S. 11.
nach langen Vorbereitungen, die sie selbst schon im
ersten Bande der A. D. Bibl. bey der Recension des
Tellerischen Lehrbuchs angekündigt, erklären sie das
ganze bisherige protestantische System öffentlich für Un=
sinn; stimmen schon Triumphe an, daß es sich kaum
noch in einigen verborgenen Gesellschaften erhalten
könne, und rücken mit der natürlichen reinen Ver=

nunftreligion hervor, die allgemein die Stelle nicht
nur des Christenthums, sondern aller andern Religionen, und nach ihrer Hoffnung bald, einnehmen
würde.„

„Protestantismus ist S. 49. Freyheit der Vernunft. Weil aber Vernunft im Abstracto ein blofes
Gespenst ist, auch die übrigen treuen Verehrer Christi
und seines Evangeliums, Gott sey Dank! ihrer Vernunft noch nicht beraubt sind; so ist Protestantismus
Freyheit der Vernunft des Herrn Nicolai und der mit
ihm verbundenen Theologen und Philosophen, Kraft
welcher ihnen das ausschließende Recht zusteht: alle
unsre bisher für göttlich gehaltene Lehren für Aberglauben, Unsinn, Schwärmerey, trauriges Geschwätz,
Gotteslästerungen, Menschensatzungen u. f. w. zu erklären, alle ihrem Herrn und Heilande und ihrem
Beruf treu bleibende Lehrer, auch die exemplarisch-
frömmsten Männer für Heuchler, Nachbeter, Schwär-
mer, intolerante Zeloten, Päbste, Inquisitoren, erz-
dumme Orthodoxen u. f. w. auszuschreyen, und endlich an die Stelle des Christenthums eine sogenannte
reine Vernunftreligion einzuführen.„

„Ich denke nicht, daß der Herr Nicolai es übel
nehmen werde, sich hier an der Spitze gestellt zu sehen.
Hat ihn doch die Berliner Monatsschrift feyerlich in
das Triumvirat der Aufklärer Deutschlands, doch was
Deutschland? der Menschheit aufgenommen! und wer
seine Reisebeschreibung gelesen hat, wird Winke genug gefunden haben, ihn als einen solchen anzusehen. Aus einer Unterredung desselben mit einem
vornehmen Herrn in Wien, erhalten auch die, die es

sonst nicht schon gewußt haben, die Nachricht: daß die
große allgemeine Revolution in der Theologie und Philosophie, die unsre Tage gesehen haben, eine Frucht
seiner Allg. Bibliotheck sey; daß ihm auch mehr Antheil daran zustehe, als man aus einigen seiner Vor-
und Nachreden hätte schließen können. Unrecht wäre
es indessen, wenn man die mit ihm verbundenen Theologen ihres Antheils an diesen Triumphen berauben
wollte.

Nach der allgemeinen deutschen Bibliotheck soll
das Tellerische Wörterbuch S. 68. gewiß Epoche der
verbesserten Schriftauslegung machen; soll der Weg,
den der Verfasser so ganz uneingeschränkt zuerst betre-
ten hat, unstreitig der einzig = richtige seyn. Nach derselben sollen auf Universitäten die jungen Theologen
daraus zur Schrifterklärung gebildet, und sogar die
Uebersetzungen der Bibel für das gemeine Volk verbessert werden. Es ist bekannt, wie oft diese ungemes-
sene Anpreisung wiederholt; wie stark uns die unver-
gleichlichen Vorreden zur Richtschnur aufgedrungen
worden; wie alles den Ton dieses Breve nachgebätet,
sogar daß Recensentenknaben und Jünglinge, deren
ganze Weisheit aus Heften und Journalen floß, alle
sämmtlichen noch ächtprotestantischen Lehrer in die
schule des Tellerischen Wörterbuchs jagen wollten.

Zweytes Heft S. 98. Daß die allgemeine deutsche Bibliotheck die eigne Erfindung des Herrn Nicolai sey, sagt er selbst LXV. B. S. 628. „Der
„Gedanke, die allgemeine deutsche Bibliotheck heraus-
„zugeben, erschröckte Mendelssohn anfänglich, wegen
„der Größe des Unternehmens, und wegen der

„ Schwierigkeiten, über welche ich oft mit ihm nicht
„ wenig differirte, und die er damals beynahe für
„ unübersteiglich hielt. Da er mich aber entschlossen
„ sah, sie zu überwinden; so bestättigte er mich in
„ meinem Vorhaben, und unterstützte mich freund=
„ schaftlich. "

„ Für die gute Sache des evangelischen Christen=
thums, (setzt Hr. D. M. hinzu) war das nun wohl
keine günstige Vorbedeutung, daß eine Bibliotheck,
die sich so viel mit theologischen Schriften zu thun machen
wollte, in Verbindung mit einem jüdischen Philosophen
entworfen worden, der entschlossen war, in seinem
Unglauben zu bleiben.

„ Daß aber auch Herr Nicolai die A. D. Biblio=
theck um weit höherer Ursachen, als um des Debits
willen, angelegt habe, sagt er uns ebenfalls selbst in
seiner Reisebeschreibung.

„ Diese höheren Ursachen, vor deren Riesengröse
selbst Mendelsohn erschrocken zurückfuhr, waren nichts
geringeres, als eine allgemeine Welt=Reformation.
Man wollte statt der Bibel die Vernunft, das ist,
die Weisheit dieser Reformatoren, statt aller andern
Religionen die Vernunftreligion einführen. In den
Schulen sollte nur Weltbürgerreligion gelehrt; und
Synagogen, Moscheen und Christenkirchen nachgerade
in Providenz = Tempel verwandelt werden. Auf den
Stühlen Mosis und der Propheten, Christi und der
Aposteln, Luthers und Calvins, auch wohl der Päpste
und Cardinäle, auch wohl Omars und Alis, sollten
Philosophen sitzen. Und da immer Staat und Reli=
gion, von Anfang der Welt her, mit einander ver=

bunden gewesen, so sollten künftig auch nur Philosophen herrschen. Und dann Felix Respublica! wann
philosophische Fürsten, philosophische Religionslehrer,
philosophische Bürger, philosophische Bauern den Erdboden erfüllen würden. Schon hörte man Weissagungen vom neunzehnten Jahrhundert, schon sah man sie
mit Macht heranrücken, die goldnen Zeiten, sah sie der
Menschheit alle ihre Rechte wiederbringen, und allem
Menschenelend, über welches bisher mit höchstem Unrecht zu viel gewinselt worden, ein völliges Ende
machen. —

„So erstaunliche Absichten wollte man durch
eben so bewundernswürdige Mittel ausführen. Nicht
geradezu durch lautes Geräusch und Lärmen, wie unsre
unphilosophische Reformatoren gethan hatten, wodurch nur Haß und Verfolgungen und Unruhen und
blutige Kriege erregt worden; sondern blos durch
Aufklärung, zu deren allgemeinen Verbreitung die allgemeine deutsche Bibliotheck die Grundlage werden sollte.

„Man muß dem Herrn Nicolai Gerechtigkeit
widerfahren lassen; der Entwurf war eines Laino;
würdig. Ein allgemeines Journal aus allen Wissenschaften, wozu die besten Köpfe und geschickten Männer ausgesucht worden, worinn alle deutsche und in
das deutsche übersetzte Schriften angezeigt und beur-
theilt werden, war das bestgewählteste Mittel einer
schnellen und allgemeinen Ausbreitung.

„Setzen Sie dazu die ausgebreitete Correspondenz
des Herrn Nicolai, seine große Erfahrung im, und
genaue Verbindung mit dem ganzen deutschen Buchhandel; die Vereinigung mit andern kleinern Bücher-

Tribunalen, die ſich theils der Ehre eines ſolchen Rieſenbruders freuten, theils vor ſeiner Ruthe fürchteten.

„ Bemerken ſie die Vorarbeiten der Engländiſchen und franzöſiſchen Vorfechter des Unglaubens. Nicht genug, daß ihre Schriften auch in unſre Sprache überſetzt worden; die vorzüglichſten die Letztern beehrten uns mit ihrer perſönlichen Gegenwart, und wurden Herolde einer Weisheit, die wahrlich nicht von obenherabkam. Und wenn ſie dan noch die günſtigen Umſtände, welche die Beſchaffenheit der Zeit, des Orts, und der Einfluß großer Beyſpiele u. ſ. w. überflüßig darreichten, darzu rechnen; ſo wird es Ihnen leicht begreiflich werden, wie in kurzer Zeit ein großer Theil der Proteſtanten, um ſein Chriſtenthum gekommen, ohne es bey nahe ſelbſt innen zu werden. „

Das dritte Heft erſchien im Jahr 1788. und da waren die Originalſchriften der Illuminaten nebſt dem Nachtrag derſelben bereits herausgekommen. Jezt ſah man deutlicher in die Verbrüderung S. 191. wider die chriſtliche Religion hinein. Herr de Marées ſtellt' das ganze Syſtem dieſes nachtheiligen Ordens aus gedachten Schriften vor S. 138—197. und bemerkt, daß ſeitdem Herr Nicolai beygetreten war, die allgemeine deutſche Bibliotheck immer weiter herausgieng, und nun auch die Sprache gegen die Katholicken, von deren Aufklärung man bisher manches rühmliche geſagt hatte, gänzlich änderte; als welches vom Jahr 1782 an, merklich wurde, nachdem Herr Nicolai auf ſeiner Reiſe im Jahr 1781. zu dem Orden getreten war, welches Hr. Weishaupt den Seinigen bereits unterm

unterm 25. Jänner 1782 bekannt gemacht hatte S. 185.
Zu gleicher Zeit entstand auch der Lärm von heimlichen Catholiken und Jesuiten unter den Protestanten,
und von der Gefahr, welche die Protestanten von den
Catholiken zu besorgen hätten S. 159. Wider Jesuiten und Rosenkreuzer zu schreiben, war auch die Hauptabsicht der Berlinischen Monatschrift, welche mit
dem Anfang des Jahrs 1783 zum Vorschein kam,
S. 186. welche Dinge nicht durch ein blindes Ohngefähr in Einem Zeitpunct entstanden sind, und ihren
Ursprung in dem Befehl des Illuminaten = Generals
hatten, welcher anfieng, aus seiner Stube die Welt
zu regieren. S. 187. „Nun vergleichen Sie die
Schriften des Herrn Nicolai in seiner Bibliotheck,
in seiner Reisebeschreibung, in seinen Aufsätzen wider
Garve, Lavater und Sailer, mit den Originalschriften
des Illuminaten = Ordens: in welchem Lichte wird
Ihnen alles das da stehen! Sie werden da die Probe der
eignen der herrlichen Moral finden, die das ganze
Menschengeschlecht von seinem Falle erlösen soll. Sie
werden finden, wie man einer wider göttliche und
menschliche Gesetze getroffnen Verbindung mit einer
verborgenen Gesellschaft alle Betrachtungen, alle
Pflichten aufgeopfert hat; Sie werden finden, wie
man protestantische Fürsten bey ihren Unterthanen,
protestantische Lehrer bey ihren Fürsten und Gemeinen
in Verdacht zu bringen, wie man die Ehre, den guten Nahmen, die Wohlfahrt ganzer unschuldiger Gesellschaften und Familien aufs Spiel zu setzen; wie
man die durch Reichsgrundgesetze in Deutschland sich jetzt
zumal immer mehr nähernde Religionen gegen einander in

c

Harnisch zu bringen, und am Ende alle zu vernichten gesucht hat. S. 188.

Der allgemeinen deutschen Bibliotheck hatten schon mehrere kleinere Journale und gelehrte Zeitungen nachgelallt. Aber nun erschien eine größere, ganz in dem Geschmack und nach dem Plan dieser Bibliotheck, nemlich die Jenaische allgemeine Litteraturzeitung. Ein gewisser Schriftsteller hat dieselben nicht unrecht die Nichte der allgemeinen deutschen Bibliotheck genennt. Demnach wäre die Oberdeutsche oder Salzburgische allgemeine Litteratur = Zeitung, welche auf jene gefolgt ist, die Kammerjungfer dieser herrschsüchtigen Dame. Denn ob dieselbe gleich anfänglich eine eigne Haushaltung für sich selbst führen zu wollen schien, so fand sie sich doch schon nach wenigen Monaten bewogen, in die Dienste dieser Dame zu treten, diese hat ausser ihr noch eine Menge von geringern Mägden zu ihrem Befehl. Erscheint nun irgend ein Schriftchen von jemand, der mit dieser löblichen Sippschaft in Verbindung steht, so wird, wenn es auch von dem elendesten Wichte wäre, ein Freuden = und Siegesgeschrey, und dagegen ein gräßliches gemeinschaftliches Geheul erhoben, wenn sich jemand untersteht, den hohen Werth der neuen Aufklärung zu bezweifeln, oder gar zu bestreiten, und somit in beyden Fällen das Publicum betäubt und betrogen.

Daß die Jenaische allgemeine Litteratur = Zeitung in die Fußstapfen der oftgedachten Bibliotheck getreten, hat Herr Super. de Marees bemerklich gemacht, und erwiesen in einem kleinen Schriftchen: Ein Paar

Worte dem Arkumenifchen Büchergerichte zu Jena
gewiedmet. 8. Deſſau 1789. bey Heybruch.

Anfänglich hatte er S. 9. eine gute Hofnung von
derſelben, da ein Recenſent No. 43 des Jahrgangs
von 1786 verſichert hatte, daß ihnen den Arbeitern an
dieſem Werk das Chriſtenthum unendlich theuer, und
daß der, ſo es verhunze, eben ſo ſehr ein Feind ihrer
Ruhe ſey, als der welcher es verſpotte. Aber ſeine
gute Hoffnung wurde S. 11. bald vernichtet, da dieſe
Zeitung ſo offenbar und ſo parthepiſch auf die Seite des
Jlluminatiſmus trat, deſſen Abſicht war: das Chriſtenthum dem Nahmen nach beyzubehalten, ihm aber die
Vernunft zu ſubſtituiren; da ſie wider das königl.
Preußiſche Religions=Edict zu Felde zog; da ſo manche theologiſche Recenſionen nach dem Muſter der allgemeinen deutſchen Bibliotheck zugeſchnitten wurden.
Man giebt darinn S. 15. die Geſchichte Jeſu für eine
bloſe Hülle aus; man giebt vor, Chriſtus habe eine
reine Vernunftreligion gelehrt. S. 33. man behauptet
die Ewigkeit der Welt S. 41.; rühmt die elenden
Fragmente über Aufklärung, S. 58. u. ſ. w. Gele-
genheitlich wird angeführt S. 43, daß in der allgemeinen deutſchen Bibliotheck auch die Auferſtehung der
Todten geläugnet werde.

Jezt thut dieſes die Bibliotheck nicht mehr allein,
ſondern auch andere Theologen thun es, theils offenbar, theils nehmen ſie die Wendung, daß an der
Geſchichte Jeſu, und namentlich an ſeiner Auferſtehung,
nichts gelegen ſey, und das Chriſtenthum gegen die
ausdrücklichen Ausſprüche Pauli 1. Cor. 15. 17=19.
Röm. 10. 9. u. a. m. ohne dieſe Geſchichte beſtehen

könne. Man sehe unter mehrern andern folgende Schrift:
Dr. und Conf. R. Döderleins in Jena, ist inzwischen
verstorben. Dr. und Prof. Eckermanns in Kiel, und
Dr. und Generalsup. Löfflers in Gotha Gutachten
über einige wichtige Religions-Gegenstände, in Be-
ziehung auf den Religions-Prozeß des Prediger Schulz
in Gielsdorf. 8. Görlitz 1794. bey Hermsdorf und
Anton. Ein schön Stück von den vornehmsten Lutheri-
schen Theologen in dreyer Herren Landen!

Indeß ist das Ansehen jener Journale, und namentlich auch der Jenaischen Litteratur-Zeituug bey
den Buchhändlern bereits so groß, daß sie aus Furcht
für denselben nichts mehr zum Verlag übernehmen
wollen, was denselben misfällig seyn könnte! wodurch
dann die wenigen Schriften, die der von ihnen be-
triebenen Aufklärung entgegen sind, nicht einmal mehr
zum Druck und in das Publicum gebracht werden können. Hr. Sup. de Marees erzählt hierüber folgendes
in seinen neuen Briefen zur Vertheidigung des Glaubens der Evangelischen Christen. 8. zweytes Heft.
Dessau 1794. bey Heybruch. (Das erste Heft ist von
1791. Leipzig, bey Sommer.)

„Diese Briefe sind S. 156. auf Kosten einer
christlichen Standesperson gedruckt. Denn ohnerachtet
nach der Erscheinung des ersten Theils der Gottes-
vertheidigung, Verleger von selbst sich mir angeboten
hatten; so wollte man mir jezt den Beding vorschrei-
ben, daß nichts wider die allgemeine Litteratur-Zeitung
darinn einfliessen möchte. So schleunig ist die bisherige Gelehrten-Republick in eine Aristocratie verwandelt worden, die man doch jezt in den bürgerlichen

Verfaſſungen ſo heftig verſchreit. So tief iſt aber
zugleich das Chriſtenthum in den Evangeliſchen Ländern verſunken, daß alle Schriften, in welchen Chriſtus, die Bibel, die heiligen Menſchen Gottes, die
weltlichen Obrigkeiten, die Prediger, angegriffen, beſtritten, verhöhnt und verläſtert werden; daß ſogar
die elendeſten Schriften, die nichts als tauſendmal auf-
gewärmte Sophiſtereyen und Declamationen enthalten,
Verleger genug, oft gar widerholte Auflagen finden.
Da hingegen die Vertheidigung alles deſſen, was
bisher den Chriſten heilig und verehrungswürdig geweſen, vorzüglich die, mit deren Gründen man ſo
leicht nicht fertig werden kann, entweder durch Floß-
kel-Recenſionen verrufen, oder ihre Ausbreitung auf
alle mögliche Art verhindert, und ſo mancher Kinder-
mord im Reiche der Wahrheit begangen wird."

Der erſte Theil des vorhin gedachten Buchs:
Gottes Vertheidigung über die Zulaſſung des Böſen
auf unſrer Erde nach der heiligen Schrift. Mit einer
Vorrede von Vertauſchung des Chriſtenthum gegen
Philoſophie (worinn Hr. Dr. M. unter mehrern auch
die erſten Urheber dieſer Zumuthung angiebt, welches die Franzoſen waren, die der verſtorbene König
Friedrich II. von Preußen an ſeinen Hof gerufen
hatte) von S. L. E. de Marees, Fürſtl. Anhalt.
Conſiſtorialrath, Superintendenten und Hofprediger.
8. Deſſau 1784. bey Heybruch, und in Leipzig in der
Buchhandlung der Gelehrten, (die nun wieder ein-
gegangen iſt) 355. S. und 76. S. Vorrede. Zweiter
Theil, Deſſau und Leipzig, bey Heybruch und Sommer, 1790. 488. S.

VI.
Auszüge aus Dr. Starks Schriften
1787, 1788.

Anfänglich schien es dem Herrn Oberhofprediger Dr. Stark unglaublich, daß die Illuminaten die Absicht haben könnten, das Christenthum zu untergraben, wie in den neuesten Religionsbegebenheiten aus denen, noch vor den Originalschriften, bekannt gewordenen Nachrichten von ihnen (S. den Jahrgang von 1786. 10. St. S. 765. u. f. wie auch 2. Zugabe, S. 135.) bemerkt worden war, und welche Hr. Dr. Stark auch in seinem Buch über Krypto Katholicismus, Proselytenmacherey, Jesuitismus und geheime Gesellschaften u. s. w. Zwey Theile gr. 8. Frankfurt und Leipzig, bey Johann Georg Fleischer, 1787. II. Theil, 1. Abtheil. S. 161. angeführt hatte. Sein Grund war, daß die Illuminaten doch Freymaurer seyen, von welchen eine solche Absicht undenkbar sey. Allein sie waren nur Freymaurer zum Schein, um unter dieser Hülle ihren Orden auszubreiten, und zu verbergen, ja sogar die Freymaurerey mit der Zeit gänzlich zu zerstören, welches ihnen auch so ziemlich geglückt ist.

Er schrieb jenes Werk zu einer Zeit, wo die Originalschriften und deren Nachtrag noch nicht erschienen waren. Als er aber diese zu Gesicht bekommen hatte, änderte er sein Urtheil, und drückte sich in seinem Nachtrag über Krypto = Katholicismus u. s. f. gr. 8. Giessen bey Justus Friedrich Krieger 1788. hierüber folgendergestalt aus: S. 114.

„Jedem Christen, der den hohen Werth des Christenthums kennt, ist es schon der traurigste Anblick, der nur zu gedenken ist, daß einzelne Menschen so tief verfallen können, die Göttlichkeit der wohlthätigen und trostreichen Religion Jesu zu verkennen, und sich dafür in trostlosen Unglauben zu stürzen. Aber daß zur Untergrabung des Cristenthums und zur Aufstellung des Naturalismus sich mitten unter den Christen eine eigne Gesellschaft formiren sollte, ist so etwas unerhörtes und schreckliches, daß man sich nicht entschliessen kann, es zu glauben. Als ich daher die Beschuldigungen gegen die Illuminaten las, daß sie das Christenthum wegschaffen, und an die Stelle desselben die natürliche Religion setzen wollten, daß sie unter dem Vorwande, Religionsvorurtheile auszurotten, die Religion selbst zu untergraben suchten, und daß die von ihnen zu bewirkende Aufklärung auf Grundsätzen der natürlichen Religion, wie der Verfasser der Comitialnebenstunden von ihnen in der (Berlinischen) Monatsschrift sagt, also nicht der offenbarung und des Christenthums beruhe; habe ich es für unglaublich und für einen alten Kunstgriff der Ketzermacherey gehalten. So lange das Christenthum steht, ist eine solche Verschwörung wider dasselbe unerhört. Da ich mir überdem nach meinen damaligen Einsichten unter den Illuminaten eine Freymaurergattung gedachte, kam mir diese Beschuldigung noch so viel mehr unglaublich vor, und mein Urtheil fiel dahin aus, daß ich diesem argen Vorgeben keinen Glauben beymessen könnte, die Illuminaten müsten sonst aufhören Freymaurer zu seyn, und es auch nie gewesen seyn.

So unglaublich mir indessen noch vor wenig Monaten
diese Beschuldigung war: für so gegründet muß ich
sie jezt doch erkennen, und nach allem, was wir ge-
genwärtig von dem Illuminatismus wissen; kann es
wohl keinem Zweifel unterworfen seyn, daß derselbe
auf die Untergrabung des Christenthums und Einführung des Naturalismus seine Absichten gerichtet habe. "

Hierauf stellt Hr. Dr. Stark das ganze System
derselben nach Maasgab der Originalschriften vor,
und sagt darüber viel Merkwürdiges, vornemlich auch
über Herrn Weishaupts sogenannte Rechtfertigungen,
und das vorgeblich verbesserte System; welches jedoch
hier keinen Platz finden kann. Was er aber von der
damaligen noch fortdauernden Lage des Christenthums
bei einer andern Gelegenheit sagt, davon sollen hier
noch einige, wiewohl abgekürzte Stellen folgen:

„Ich fordere jeden auf, S. 621. mir eine Periode
seit der Reformation in Deutschland zu zeigen, wo
die Freydenkerey, und die offenbare, ungestrafte, ja
nicht einmal im mindesten in Anspruch genommene
Verachtung des Christenthums weiter um sich gegriffen
hätte, als eben diejenige ist, in welcher wir gegen-
wärtig leben. Die frechsten Angriffe auf die Religion
sind allgemein in Cours, ja sogar in den Händen des
Volks sind die giftigen Brochüren, die dergleichen
enthalten; und ihre Urheber geniessen nicht nur völli-
ge Straflosigkeit, sondern sie dürfen auch wohl auf
die unerhörteste und schamloseste Weise öffentlich be-
lobpreiset werden. Ich will nicht einmal vom Horus,
von den Briefen über die Bibel im Volkston, von

Hierocles, vom Retzeralmanach 1787. (die erste Ausgabe ist von 1781.) den Brochüren über natürliche
Religion, über Offenbarung, Judenthum, und Christenthum, desgleichen vom Antichrist, von den Briefen des heil. Jambres und andern Schriften der Art
reden: ich bitte jeden, nur Schulzens Versuch einer
allgemeinen Sittenlehre, und besonders seine philosophische Betrachtung über Theologie und Religion und
die jüdische insonderheit anzusehen, in welcher die
Offenbarung des alten Testaments nicht nur aufs frech-
ste verächtlich gemacht, sondern auch selbst das Christenthum auf das abscheulichste gemishandelt, und Jesus, wer kann's ohne Entsetzen hören? zu einem Kinde
einer feurigen, zwanglosen Liebe, und zu einem Philosophen gemacht wird, der eigentlich ein Atheist gewesen. Vernimms Deutschland! das schrieb zu Aus-
gange des achtzehnten Jahrhunderts ein Lutherischer
Prediger in der Marck Brandenburg; das durfte er
schreiben, und wurde noch gelobt.'' (Er trieb sein
Wesen noch lange, bis er endlich im Jahr 1793 ab-
gesetzt wurde. Aber quantae molis dieses war, bis
es dahin kommen konnte; das kann man in den neuesten Religionsbegebenheiten von 1792 und 1794 erzählt finden.)

,,Wer kann S. 622. ohne Misvergnügen die
wegwerfende Verachtung ansehen, mit welcher diese-
nigen behandelt werden, die noch mit warmem Herzen der Evangelischen Wahrheit anhängen, und noch
das Herz haben, sie laut zu bekennen, da man sie
als Schwachköpfe in den Augen der Welt lächerlich
zu machen, und dagegen die Freunde und Bewerckstel-

liger der angeblichen neuen Aufklärung mit den aus-
gesuchtesten Lobsprüchen zu belegen sucht. Man darf
hierüber nicht erst den Verfasser des Ketzeralmanachs
(Bahrdt) anführen; man schlage nur Herrn Nicolais
allgemeine deutsche Bibliothek nach, die ist hievon
ein Hauptbuch, und man kann aus derselben lernen,
wie die im Dunkeln triumphierende Kirche bemühet
gewesen, und noch ist, dem Christenthum immer eine
Wahrheit nach der andern zu entreissen.

In seiner Erklärung über seine Verbindung mit
dem Illuminaten = Orden hatte Herr Nicolai unter
mehrern sich auch darauf bezogen, daß protestantische
Theologen in demselben seyen; darauf antwortete Hr.
Dr. Stark in der Beleuchtung der lezten Anstrengung
u. s. f. S. 206. folgendes:

„Giebt es nicht vorgebliche protestantische Geist=
liche genug, die deistisch, naturalistisch und socinianisch
denken, daß Herr Nicolai der Welt einbilden will, der
Illuminatismus habe es nicht auf den Umsturz der
Religion angelegt, weil protestantische Geistliche in
demselben gewesen? Hat er nicht selbst an seiner Bi=
bliotheck solche Mitarbeiter? Soll ich ihm den in
seinem löschpapiernen Kanal befindlichen Deismus
und Socinianismus hervorholen? Er bringt mich
noch dazu, daß ich die theologischen Recensionen in
derselben abdrucken lasse und revidire, damit jedermann den Unfug kennen lerne, den er bisher so ungestraft getrieben hat, da er erst schleichend durch seine
Bibliotheck unsre Religion untergrub, bis er sich endlich in den Illuminaten=Klub begab, der aller christ=
lichen Religion den Krieg angekündigt hat.

Bey Gelegenheit der Streitigkeiten über den heimlichen Catholicismus und Jesuitismus unter den Protestanten, kam eine Satire unter folgendem Titel zum Vorschein; Christian Nicolai Buchführers zu Bebenhausen in Schwaben, wichtige Entdeckungen auf einer gelehrten Reise durch Deutschland, und aus Eifer für die Christliche, vornemlich Evangelische Kirche durch den Druck bekannt gemacht. 8. Bebenhausen, in Verlag des Authors, 1788. Von derselben erzählt Herr Ritter von Zimmermann in dem dritten Band seiner Fragmente über Friedrich den Großen. 8. 1790. S. 192. sie habe ein allgemeines Gelächter durch ganz Deutschland gegen die Berlinische Auffklärerey erregt, sey aber sehr vorsichtig auf der Leipziger Meße unterdrückt worden.

VII.

Die neuesten Arbeiten des Spartacus und Philo in dem Illuminaten-Orden 1793.

Das große Ansehen, welches sich Herr Nicolai durch seine Kenntnisse der Litteratur und des Buchhandels, und vornehmlich durch die allgemeine deutsche Bibliotheck bey Schriftstellern, Recensenten, andern Journalisten, wie auch und vornehmlich bey Buchhändlern verschafft hatte, würde nicht hinlänglich gewesen seyn, der ganzen Litteratur eine andere Gestalt zu geben, wenn nicht die Illuminaten zugetreten wären. Bey diesen war es gleich ursprünglich keine der

geringſten Speculationen, auf die Schriftſtellerey und
den Buchhandel zu würken, und beyde in ihre Gewalt zu bekommen; welche Abſicht ſie auch nur allzu-
ſehr erreicht haben.

Die Beweiſe hiervon finden ſich in dem Prieſter-
und Regentengrad, ſo wie dieſe in den neueſten Arbeiten des Spartacus und Philo in dem Illuminaten-
Orden. gr. 8. 1793. gedruckt ſind, und welche bereits
im Jahr 1782. an die Vertrauten ausgetheilt worden. Es heißt darinn S. 80., man ſolle fremde Gelehrte, ohne daß ſie es bemerken, zum Nußen des
Ordens in Bewegung ſetzen. Der Orden ſoll S. 99.
eigne Ordens - Buchdruckereyen haben. Ohne Erlaubniß deſſelben ſollen S. 100. die Ordensglieder
nichts drucken laſſen. Man ſoll S. 102. zuſehen, wie
man die Hände in Erziehungsweſen, geiſtliche Regierung, Lehr- und Predigtſtühlen bekomme. Man muß
S. 103. beſorgt ſeyn, daß die Grundſätze des Ordens
zur Mode gemacht werden, damit junge Schriftſteller
dergleichen unter das Volk ausbreiten, und, ohne
daß ſie es wiſſen, dem Orden dienen. Es muß dafür
geſorgt werden, daß die Schriften unſerer Leute aus-
poſaunt, und von keinen Recenſenten nicht verdächtig
gemacht werden. Gelehrte und Schriftſteller, welche
den unſrigen ähnliche Grundſätze lehren, ſoll man zu
gewinnen, und anzuwerben ſuchen. Auch das gemeine
Volk muß S. 139. aller Orten für den Orden gewonnen werden. dieß geſchieht am beſten durch Einfluß
auf Schulen. Wenn ein Schriftſteller S. 141. in
einem öffentlichen gedruckten Buch Sätze lehrt, die,
wenn ſie auch wahr ſind, noch nicht in unſern Welt-

Erziehungsplan passen, sondern zu früh kommen, so
soll man den Schriftsteller zu gewinnen suchen, oder
ihn zu verschreyen. Man soll S. 143. sich immer
mit dem Nahmen einer andern Gesellschaft decken —
auch ist der Nahme einer gelehrten Gesellschaft eine
sehr schickliche Masque, für unsere untern Classen.
Militär-Schulen S. 144. Academien, Buchdruckereyen, Buchläden, Domcapitel und alles, was Einfluß auf Bildung und Regierung hat, muß nie aus
den Augen gelassen werden. Man soll unaufhörlich
Plane entwerfen, wie man es anfangen könne über
dieselben Gewalt zu bekommen. Der Präfect soll
S. 149. in seinem Lande um die Schulen, Erziehung
der Jugend, und ihre Lehrer sich bewerben, und dieselben mit Ordens-Mitgliedern zu besetzen suchen.
Eben so wichtig S. 153. als die Schulen, sind dem
Orden die Seminarien der Geistlichkeit, deren Vorsteher man zu gewinnen suchen soll. Der Orden soll
S. 163. in keinem Lande öffentlich auftreten. Man
muß ihm immer ein anderes Kleid umzuhängen wissen.
Er muß sich hinter irgend eine gelehrte, eine Hand-
lungsgesellschaft oder dergleichen zu verstecken suchen.

Von den übrigen herrlichen Maximen theile ich
nur folgende mit, die zu besserer Einsicht in die vor-
anstehenden Nachrichten von dem großen Bunde erforderlich sind.

S. 21. Könige sind Väter; väterliche Gewalt
geht mit der Unvermögenheit des Kindes zu Ende. —
Jeder Volljährige kann sich selbst vorstehen: wenn die
ganze Nation volljährig ist, so fällt der Grund ihrer
Vormundschaft weg. S. 29. Der Adel dient nicht

der Nation, sondern dem König, und steht gegen die
Nation zu jedem Wink bereit. Er ist das wahre Werk-
zeug des Despotismus zur Unterdrückung der Natio-
nalfreyheit nebst der stehenden Miliz — beyde werden
für ihre Unterdrückung und Henkersdienste besoldet.
S. 36. Die Könige garantiren sich wechselsweise still-
schweigends alle Ungerechtigkeiten gegen ihr eignes
Volck.

S. 38. Die Mittel, der Vernunft ihre Rechte
wieder zu schaffen — die Freyheit aus der Asche em-
porsteigen zu machen — den Menschen ihre ursprüngliche Rechte wieder zu geben — die bevorstehende Revolution des menschlichen Geistes zu befördern — über
die bisherigen Unterdrücker einen ewigen Sieg zu
erfechten — und die Erlösung des Menschengeschlechts
zu bewürken, sind geheime Weisheitsschulen. Diese
waren vor allzeit die Archive der Natur und der menschlichen Rechte. Durch sie wird der Mensch sich von
seinem Fall erholen. Nach S. 59. besteht der Fall
darinn, daß die Menschen in bürgerliche Gesellschaften
oder Staaten sich eingelassen haben; und dieses soll,
wie man unverschämt genug vorgiebt, sogar Jesus
selbst gelehrt haben, so wie er auch durch seine Lehre
die ursprüngliche Freyheit und Gleichheit habe einführen wollen. S. 52—61. Fürsten und Nationen werden ohne Gewaltthätigkeit von der Erde verschwinden;
das Menschengeschlecht wird dereinst eine Familie werden. — Jeder Hausvater wird dereinst, wie vordem
Abraham und die Patriarchen, der Priester und der
unumschränkte Herr seiner Familie, und die Vernunft
das alleinige Gesetzbuch seyn. Dieses ist eins unsrer

großen Geheimnisse. S. 42. Die Glieder des Ordens
sind berufen, auf den großen Tag der allgemeinen Unabhängigkeit vorzuarbeiten. S. 51. Man muß den
Bund verstärken, und eine Legion errichten, welche die
Rechte der Menschheit, der ursprünglichen Freyheit
und Unabhängigkeit vertheidigt. S. 65. Man muß
die Welt in eine Familie vereinigen, das Reich der
Gerechten und Tugendhaften, der Edeln S. 51. herbeyführen. S. 128. Die Beschleunigung dieser Periode ist unser Werk. S. 66. Regenten und Pfaffen
und Freymaurer haben die Vernunft von der Erde
verbannt, und solche, statt der Menschen, mit Tyrannen, Heuchlern, Mördern, Gespenstern und Leichen
und menschenähnlichen Thieren überschwemmt.

S. 47. Habt ihr euch auf eine gewisse Zahl durch
einen Bund verstärkt, so seyd ihr sicher, und fangt
an, mächtig und fürchterlich zu werden; ihr fangt
eben darum an, bey den Bösen fürchterlich zu werden —
Nun seyd ihr stark genug, ihnen die Hände zu binden.
S. 68. Alles Bestreben der Fürsten den Fortgang der
Verbesserungen der bisherigen alten mangelhaften Einrichtungen zu hindern, ist gänzlich vergeblich. S. 76.
Der Operationsplan, nach welchem unsre höhere
Grade handeln, muß kräftig auf die Welt würken,
und allen jetzigen Verfassungen eine andre Wendung
geben.

S. 48. Wer allgemeine Aufklärung verbreitet,
verschafft zugleich eben dadurch allgemeine wechselsei-
tige Sicherheit; und allgemeine Aufklärung und Sicherheit machen Fürsten und Staaten entbehrlich. Oder
wozu braucht man sie so dann? wenn die Aufklärung

ein Werk der Moral ist, so nimmt auch Aufklärung
und Sicherheit zu, in dem Maaß, wie die Moral
zunimmt. Die Moral ist also die Kunst, welche Men=
schen lehrt, volljährig zu werden, die Vormundschaft
los zu werden, in ihr männliches Alter zu treten,
und die Fürsten zu entbehren. S. 49. Weil es nicht
unmöglich ist, die Moral allgemein zu machen, so ists
auch nicht unmöglich, allgemeine Freyheit in die Welt
einzuführen.

S. 114. Man soll, so viel es thunlich ist, freye,
von Fürsten unabhängige Leute zu dem Regenten=
Grad in dem Orden nehmen; vorzüglich solche, die
sich oft erklärt haben, wie unzufrieden sie mit den ge=
wöhnlichen menschlichen Einrichtungen sind, wie sehr
sie sich nach einer bessern Regierung der Welt sehnen.

S. 115. Wäre eine Gesellschaft verwerflich, welche,
bis einst die größern Revolutionen reif wären, (eine)
solche Lage erfunden (hätte), durch welche die Mo=
narchen der Welt außer Stand gesetzt würden, Böses
zu thun? auch wenn sie wollten, doch nicht könnten?
Eine Gesellschaft, welche im Stillen den Mißbrauch
der obersten Gewalt hindert? wäre es nicht möglich,
daß durch diese Gesellschaft die Staaten selbst ein
Status in Statu würden? — Machen nicht unsre jezige
Staatsregierungen täglich Mißbrauch von ihrer Macht,
ob wir gleich dazu schweigen? Diese Macht nun ist
doch wohl nicht so sicher, als in den Händen unsrer
Mitglieder.

S. 137. Unsre heilige Legion — muß jeden zu
hoch sich erhebenden niederhalten; nicht leiden, daß —

der

der Schwächere über den Stärkern, auch wenn dieser
Unrecht haben sollte, zu sehr den Meister spiele.
S. 141. Eine unserer vornehmsten Sorgen muß auch
seyn, unter dem Volk sclavische Fürstenverehrung nicht
zu hoch steigen zu lassen. Durch diese knechtische
Schmeicheleyen werden diese mehrentheils sehr mittel-
mäßige, schwache Menschen noch immer mehr verdor-
ben. Man muß — machen, daß sie uns fürchten, von
ihnen reden und schreiben, wie man von andern Männern spricht, damit sie wissen lernen, daß sie Menschen
sind, wie wir andre, und daß sie nur conventionelle
Herren sind. S. 157. Man soll Anecdoten sammeln,
und die ehrenvollen oder schändlichen Thaten der nie-
drigsten, wie der vornehmsten Menschen in den Ver-
sammlungen öffentlich nebst ihren Namen herlesen.
Hier muß man erfahren, daß bey uns jedem auch von
der ganzen Welt verkannten Verdienste Gerechtigkeit
wiederfährt, und daß der Bösewicht auf dem Thron
bey uns so gut, oft mehr ein Schurke heißt, als der,
welchen man zum Galgen führt; der große Mann
hingegen eine sichere Canonisation findet.

S. 152. Kann der Präfect die fürstlichen Dica-
sterien und Räthe nach und nach mit eifrigen Ordens-
Mitgliedern besetzen, so hat er alles gethan, was er
thun konnte. Es ist mehr, als wenn er den Fürsten
selbst aufgenommen hätte. Ueberhaupt sollen Fürsten
selten zum Orden zugelassen werden, und wenn sie
etwa darinnen wären, nicht leicht über den Schottischen
Rittergrad hinaus befördert werden: denn wenn man
diesen Leuten ungebundne Hände giebt, so folgen sie

D

nicht nur nicht, sondern benützen auch die besten Absichten zu ihrem Vortheil.

S. 172. Die Macht des Ordens soll nur zum Besten
der Brüder verwandt werden; allen muß geholfen
werden, denen man helfen kann; ein Ordens-Mit-
glied soll man in jedem gleichen Fall allen andern vor-
ziehen; für sie, besonders für den geprüftesten, Geld,
Bedienungen, Ehre, Gut und Blut verwendet werden, und Beleidigungen des kleinsten zur Ordenssache
gemacht werden.

Es bedarf wohl keines Commentars, um zu zeigen, wie nachtheilig diese Grundsätze, die nur allzu-
sehr befolgt werden, für Fürsten, Staaten und Regierungen, und überhaupt für einen jeden andern
ehrlichen Mann sind, der nicht zum Orden gehört
oder gehören mag. In wiefern dieselben gröstentheils
in Frankreich angenommen, und bey der Revolution
nach und nach zum Vorschein gebracht worden, ist hier
der Ort nicht zu zeigen. Man kann darüber die Fragmente zur Biographie des geheimen Raths Bode, 8.
1795. nachsehen, als in welchen klar gemacht wird,
wie und durch wen sie nach Frankreich gekommen sind.
Daß übrigens dieser gefährliche Orden nicht, wie man
vorgiebt, aufgehoben worden, ist in dem so betittelten: Endlichen Schicksal des Freymaurer-Ordens 8.
1794. S. 38 u. f. unwidersprechlich erwiesen worden.

VIII.

Die deutsche Union 1788.

Die sogenannte deutsche Union war ein Versuch, den Orden weiter auszubreiten, der leibhafte Illuminatismus unter einer andern Firma, wie sich der Verfasser der ohnmaßgeblichen Meynung über Dr Starks Tonsur u. s. w. ausdrückt, S. 119. Er war der erste, welche eine, obgleich nur kurze Nachricht von der Union ins Publicum brachte. Bald darauf wurde dieselbe weiter beschrieben in der Schrift: Das Recht der Fürsten über die Religion 8. Halle 1788, obgleich, wie es oft geschieht, schon das folgende Jahr auf dem Titel steht. Der ungenannte Verfasser versichert, S. 60. daß er die mitgetheilten Nachrichten beurkunden könne. Unter andern bemerkt er S. 17. es gäbe eine geheime Gesellschaft, welcher das Religionsedikt gerade in den Weg gekommen. Diese hätte sich nach ihrem Vorgeben zur Aufklärung der Menschheit und zur Dethronisirung des Aberglaubens und Fanatismus, in der That aber zur Verbreitung der natürlichen Religion und zur Verbannung aller positiven Religionen verbunden. Eben sey die Stunde gekommen, wo sie nach ihrem Plan recht würksam seyn zu können geglaubt hätte; und nun habe das Religions-Edikt ihr Gränzen gesetzt, ihre Absichten gehindert, und ihre so theure Aufklärung verworfen.

Auf diesen Schriftsteller folgte ein dritter, welcher die Schrift: Nicolai, Gedicke und Biester in gefälligen Portionen dem Publicum vorgesetzt, herausgegeben

hat. In der vierten Portion, die zu Ende des Jahrs
1788 erschien, gedenkt er der beyden eben jetzt nahm=
haft gemachten Schriften S. 110. und setzt unter an=
dern hinzu: daß er die gedruckten Plane, womit man
insgeheim Leute anzuwerben suchte, selbst in Händen
gehabt; daß man sich dabey unter die Hülle einer Le=
segesellschaft habe verstecken, sich der Journale bemäch=
tigen, die Buchhändler anwerben, ja den ganzen Buch=
handel zuletzt an sich ziehen wollen; daß Bahrdt der
Concipient sey, aber die Illuminaten im Hintergrunde
stünden, und alles dirigirten; daß allerley Leute ange=
nommen würden, nur Fürsten und Minister nicht u.
s. w. Das Letztere veranlaßte den Verfasser folgendes
hinzuzufügen S. 113.

Unbegreiflich ist es wahrlich, daß Fürsten und
Minister stille sitzen, als wenn sie nicht sähen, was
um ihnen vorgeht. Kaum sind es 15 (12) Jahre,
daß der erste Keim zu der Gesellschaft der Illumina=
ten gelegt ward, und schon ist sie zu einer kollosalischen
Größe angewachsen, wogegen die sogenannte Uni=
versal = Monarchie der Jesuiten nichts ist. Bey ihr
trift völlig ein, was man von dem Jesuiten = Orden
sagt, daß die Vorbereitungen auf Unglücksfälle schon
in ihre Verfassung gelegt sind. Was ist der Jesuiten=
Orden nach seiner Aufhebung? Wahrlich nichts, als
ein Auszehrender, der mit dem Tode ringt. Aber der
Illuminatismus ist nach seiner Entdeckung und schein=
baren Aufhebung, weit herrlicher hervorgegangen, und
unter dem Nahmen der deutschen Union zu einer weit
größern und bedenklichern Wirksamkeit gelangt. Nehmt
es doch zu Herzen, Herrscher des Volks! Ist die Er=

kaltung der chriſtlichen Religion kein kräftiger Antrieb
mehr, euch von dem Polſter der Sicherheit zu erwecken;
nun ſo ſey es denn die Sorge für euer eignes Anſehn
und euere Würde: denn man will eure Unterthanen
mündig, euch ſelbſt aber unmündig, entbehrlich, höch=
ſtens zu Maſchinen machen. Und ihr Miniſters, ſagt
euch eure Pflicht hier nichts? Nun ſo mach euch eure
Sicherheit thätig gegen eine Verbindung, die euch zu
Figuranten machen will!"

In der Vorrede zu der vierten Portion bemerkt
der Verfaſſer, es ſcheine, als habe ſich die philoſophi=
ſche Union und Conjuration (der letzte Nahme, der
auch S. 114. vorkommt, rührt aus der franzöſiſchen
Ueberſetzung der geheimen Briefe über die Preußiſche
Staatsverfaſſung von 1786 her, wo ſich eine gewiſſe
Verbindung denſelben ſelbſt beylegte, und ſchon damals
mit Waffen drohte) ſchon wirklich des Buchhandels
bemächtigt, und Suppreſſions=Bullen ertheilt. Man
könne gewiße Schriften kaum mit aller Mühe erhal=
ten, wogegen die von der Gegenſeite faſt aufgedrun=
gen würden.

In der fünften Portion von 1789. wird in der
Vorrede S. 9. von den Recenſenten gehandelt und
untern andern geſagt: „ Wird ein Religions=Edikt
mit dem wüthendeſten Fanatismus angegriffen, die
chriſtliche Religion, die Geiſtlichkeit, ein großer Kö=
nig und ſeine Miniſter mit den bitterſten Sarcasmen
durchgezogen, und im eigentlichen Verſtande die pö=
pelhafteſten Schimpfreden über jene Gegenſtände der
öffentlichen Achtung und Ehrfurcht ausgegoſſen, ſo
findet man in den meiſten Recenſionen tiefes Stil=

schweigen davon, höchstens wird nur einer lebhaften Schreibart hitziger Ausdrücke, oder dergleichen gedacht, daß im Grunde die Schnurren noch besser empfiehlt.''

Dann wird S. 83. erzählt: „Manche Buch-händler haben die Materialien zur Geschichte des Socratismus dem Verleger sogleich remittirt, unter dem Vorwand: man verstehe es nicht; da doch ein jeder, der nur etwas davon weiß, was in unsern Ta-gen vorgeht, die Wichtigkeit dieser Schrift, und ihrer ältern Schwester, der Geschichte und Meynungen ei-nes Menschensohns leicht einsehen muß. — Auch die Apologie des Preußischen Religions = Edikts wurde, ohne einmal etwas dabey zu melden, und ohne einmal, wie sonst der Brauch ist, die nächste Messe abzuwar-ten, dem Verleger sogleich remittirt, und sogar aus Gegenden remittirt, wo sie am ersten hätte gelesen werden sollen, und auch würde gelesen worden seyn, wenn nicht die ergangne Supressions = Bulle der Pseu-do = Aufklärer es verhindert hätte. Vermuthlich hat das trefliche Lustspiel: Die Weltbauern zu Tollmanns-hausen, ein ähnliches Schicksal gehabt, da es so we-nig angezeigt worden ist. Manche Redacteurs von Journalen und gelehrten Zeitungen, die den giftigen Wisch: Ueber Aufklärung, schleunigst und zum Theil nicht ungünstig bekannt machten, haben die dagegen gerichtete, ihnen gleichwohl zugeschickte Apologie des Religions = Edikts ganz unangezeigt gelassen. Ist das Unpartheylichkeit? Auch die so schön und kaltblütig geschriebene Schrift: Meine unmaßgebliche Meynung über Starks Tonsur seiner Gegner Scheermesser rc. ist von vielen Redakteurs, denen sie zugesandt wor-

den, nicht angezeigt, und von manchen die Antwort
erfolgt: man könne sich mit der Recenſion ſolcher Sachen nicht befaſſen. Es geht ſo weit, daß es ſehr
ſchwer hält, nur die bloſe trockne Anzeige daß dieſes
oder jenes Buch die Preſſe verlaſſen, ſelbſt für baares
Geld in eine Zeitung zu bringen, worinn die Gegen-
parthey dominirt. — Es iſt nur allzugewiß, daß was
ein einziger Bahrdt nicht ausrichten konnte, die Union
ſchon ſo große Fortſchritte gemacht hat, um die Buchhändler zu feßeln, die Dictatur über die Meynungen
der Gelehrten zu erhaſchen, ſich zu einer moraliſchen
Alleinherrſchaft hinaufzuſchwingen, und den wahren
litterariſchen Despotismus zu gründen."

In der ſechsten und lezten Portion von 1789
S. 163. heißt es: „Kaum iſt der lezte Bogen einer
Schrift gegen Stark oder für die Chimäre der Berli=
ner (von dem heimlichen Catholicismus und Jeſuitismus, welche Herr Nicolai und die Berliniſche Monatsſchrift geltend zu machen ſuchten) unter die
Preſſe gegeben, ſo tönt ſchon der Lobgeſang in der
Berliner Monatsſchrift, und das iſt ein Signal, dem
die verbündeten Journale und Zeitungen alsbald Folge
leiſten. Erſcheint aber eine Schrift zum Vortheil des
Dr. Starks, oder gegen die Chimäre, ſo wird ſie
lange ganz unterdrückt, kein Buchhändler getraut ſich
damit zu befaſſen, oder er debitirt ſie nur furchtſam, einzeln, und heimlich, ſo wie etwa noch vor
zehn Jahren gegen Staat und Religion geſchriebene
Bücher verkauft wurden; und am Ende, wenn der
Debit nicht mehr ganz verhindert werden kann, dann
fallen ein Paar Recenſenten darüber her, erzählen

nicht den Inhalt der Schrift, sondern reissen nur ein
Paar Brocken aus der Verbindung heraus, um mit
Anbringen einiger Lieblings=Phrasen der Berliner sie
ganz in die Pfanne zu hauen."

S. 164. „Man könnte eine Menge Briefe von
Gelehrten vorzeigen, die sich darüber beschweren, daß
sie um diese oder jene Schriften Buchhändler hin und
wieder geschrieben, ohne sie erhalten zu können. Und
doch hatte der Verleger sie zu Dutzenden an die nem=
lichen Buchhändler versendet, und die remittirten sie
zur folgenden Messe, unterm Vorgeben, daß keine
Nachfrage darnach gewesen.

S. 166. u. f. bey einer Schrift des Herrn Dr.
Starks, Apologismus von 1789 genennt, spielte die
Waltherische Buchhandlung in Leipzig, welche den
Verlag übernommen hatte, einen ganz besondern
Streich, sie ließ sie eine zeitlang liegen, und entschul=
digte sich damit, daß unter andern auch anstößige
Stellen gegen die Vernunftreligion darinn enthalten
seyen, die erst abgeändert werden müsten. Doch ver=
stand sie sich nachher zum Abdruck, ließ aber während
dem eine Widerlegung von Dr. Bahrdt verfertigen,
und die Nachricht hiervon sogleich auf das Tittelblatt
setzen. Darüber kam es zu einem Proceß, und die
Buchhandlung mußte diesen Zusatz auf dem Tittel=
blatt weglassen. Dieselbe war gerade die Buchhand=
lung der deutschen Union, wie hernach bekannt wurde,
welches aber Hr. Dr. Stark nicht gewußt hatte. Zum
Schluß der ausführlichen, hier aber abgekürzten Er=
zählung, setzt der Verfasser hinzu:

S. 172. „ Wer dieses Factum mit dem Ver=
halten der Berliner gegen die Bücher, die Stark und
andere gegen ihre Chimäre schrieben, zusammen hält,
und das Betragen eines andern Buchhändlers, Köh=
lers, erwägt, der seinen eignen Verlag (ist Starks
Beleuchtung der lezten Anstrengung u. f. gemeint,
welche derselbe verlegt hatte,) verschreyt, um nur
sagen zu können, ein Buch von Stark sey Maculatur
geworden, und alle Verleger zu warnen, nichts von
Starks Schriften zu übernehmen; der muß doch wohl
glauben, die deutsche Union, deren bekannt geworde=
ner Grundsatz, alles was ihr nicht ansteht zu unter=
drücken, hier in Ausübung gebracht wird, sey sehr
thätig gewesen, und allem Ansehn nach noch thätig.‟

Die Absichten dieser sogenannten deutschen Union
insonderheit auf den Buchhandel, finden sich noch
deutlicher aufgedeckt, in der um die nemliche Zeit er=
schienenen Schrift: Mehr Noten als Text, oder die
deutsche Union der Zwey und Zwanziger, eines neuen
geheimen Ordens, zum Besten der Menschheit. Aus
einem Packet gefundner Papiere zur öffentlichen Schau
gestellt, durch einen ehrlichen Buchhändler, gr. 8.
Leipzig, bey Georg Joachim Göschen 1789.

Man rühmte in dem ersten Plan, es hätten sich
zwey und zwanzig Personen, Staatsmänner, öffent=
liche Lehrer und Privatpersonen schon vor $1\frac{1}{2}$ Jahren
zu einem Plan vereinigt, der ein untrügliches und
durch keine menschliche Macht zu verhinderndes Mit=
tel enthalte, die Aufklärung und Bildung der Mensch=
heit zu befördern. In dem zweyten, der nicht gleich

anfänglich, wie jener vorgelegt zu werden pflegte,
gieng man weiter heraus, und die Herren erklärten:
sie suchten alle gute und aufgeklärte Schriftsteller in
ihre Verbindung zu ziehen, die Postmeister und Post=
secretäre zu gewinnen; auch wollten sie Menschen aus
allen Ständen, nur keine Fürsten und Minister, wohl
aber deren Günstlinge aufnehmen. An allen Orten
sollten Lesegesellschaften angelegt werden. Auch wollte
man ein allgemeines Intelligenzblatt einführen, und
alle andre Zeitungen und Journale verdrängen, die
Buchhändler jeden Orts zu gewinnen und zu beeidi=
gen suchen, um den Buchhandel mit der Zeit ganz an
sich zu ziehen.

„Und nun, wird wörtlich hinzugesetzt, fällt vor=
läufig unsere moralische Macht über die Nation in die
Augen. Nemlich man begreift, was die Aufklärung
gewinnen, und der Aberglauben verliehren muß,
wenn 1) in allen Lesegesellschaften von unsern Ver=
brüderten die Bücher gewählt werden, 2) wenn wir
an allen Orten unsere Vertrauten haben, welche sich
zum eignen Geschäfte machen, Aufklärung bis in die
Hütten des Volks zu verbreiten, 3) wnn wir die
lauteste Stimme im Publicum haben, und im allge=
mein=gelesenen Intelligenzblatt die Schriften des Fa=
natismus entweder ganz ins Dunkle hinabdrängen,
oder dafür warnen, und die Werke des Lichts allein
bekannt machen und empfehlen können, 4) wenn
wir nach und nach, indem die guten Schriftsteller alle
ihre Schriften durch uns debitiren, den Buchhandel
ganz an uns ziehen, und dadurch verursachen, daß
die Schriftsteller, die für den Aberglauben schreiben,

weder Verleger noch Publicum behalten; wenn wir endlich 5) durch unsre Ausbreitung alle gute Köpfe an uns
ziehen, und dadurch in den Stand gesezt werden, an
allen Orten, Familien, Höfen, u. s. w. im Stillen
zu würcken, und auf Besetzungen der Hofmeisterstellen,
der Secretariate, der Pfarreyen u. s. w. Einfluß bekommen.„

Was die Herren unter Aufklärung und Aberglauben verstanden haben, ist leicht im voraus zu vermuthen, und aus einem Buch ersichtlich, daß im Namen der Union empfohlen und auch versendet wurde,
und den Titel führt: Ueber Aufklärung und deren
Beförderungs-Mittel. Es rührt, wie man bald hernach erfuhr, auch aus der Vergleichung mit andern
Bahrdtischen Schriften leicht ersehen konnte, von Dr.
Bahrdt her, dessen tolle Schrift: Ueber Preßfreyheit
und ihre Gränzen, 8. Berlin 1787, ebenfalls empfohlen wurde. Er hatte auch die Feder bey verschiedenen
die Union betreffenden Planen geführt, war aber keineswegs der alleinige Urheber der Sache, wie aus
dem folgenden von ihm selbst herausgegebenen Werkchen erhellt: Geschichte und Tagebuch meines Gefäng-
nißes, nebst geheimen Urkunden und Aufschlüssen über
die deutsche Union, 8. Berlin, bey Friedrich Vieweg
dem ältern 1790, wo er alles ausführlich erzählt; wie
dann auch die Sache in der beygefügten Defensions-
schrift umständlich vorgetragen worden. (Man sehe
einen Auszug Rel. Beg. 1790. 7 und 8tes Stück,
S. 494 — 538.)

Man merkte indeß bald, daß die Buchhändler
keinen Geschmack an dem Vorhaben, ihnen den Han-

del zu entziehen, finden würden, und setzte daher in
einem etwas veränderten Plan, derer man von Zeit
zu Zeit mehrere machte, hinzu: „Die Union wird,
damit sie die bisherigen Buchhändler nicht beschädige,
dieselben größtentheils nach und nach selbst mit sich
verbinden. — Die durch den Handel der Union gehen=
den Schriften sollen schnell und überall empfohlen
und verbreitet, und die mit ihr verbündeten Kauf=
leute, Künstler ꝛc. auf vielfache Weise begünstigt
werden.

Dieses Project war zwar dem ersten Anblick nach
schimärisch; aber ein großer Theil desselben konnte doch
ausgeführt werden, und wurde wirklich ausgeführt;
und es war schon genug gewonnen, wenn man nur,
ob man gleich den ganzen Handel nicht an sich reißen
konnte, einen beträchtlichen Theil der Buchhändler ge=
winnen, und dahin bringen konnte, daß sie in An=
sehung des Verlags und des Debits ihrer und anderer
Schriften nach der Anweisung der Union verführen.

Zwar ist diese Union in kurzer Zeit nach ihrer
Entdeckung wieder verschwunden; aber nur dem Nah=
men nach. Die Sache, nemlich der Illuminatismus
blieb, wie vorher; und die Speculation desselben auf
den Buchhandel war gleich ursprünglich in seinem
Plan, wie die vorhin mitgetheilten Stellen aus den
beyden in den neuesten Arbeiten gedruckten Graden,
wovon das Publicum zur Zeit der Union freylich noch
nichts wußte, unwidersprechlich bewiesen. Wer übri=
gens mehr von dieser feinen Verbrüderung wissen
will, lese die zuletzt angezeigte Schrift, oder die Aus=

züge, die davon in den neuesten Religionsbegebenheiten gegeben worden, 1789, 2 und 3tes Stück,
S. 123 — 146. S. 204 — 224.

IX.

Dr. Semlers Aufklärungen von 1764 an.

Der eigentliche Anfang der vorgeblichen Reini-
gung des protestantischen Lehrbegriffes, und des
nachher darauf gefolgten litterarischen Unwesens fällt
um das Jahr 1763, wo die allgemeine deutsche Bibliotheck herauskam. Denn obgleich manche einzelne
Schriftsteller bereits vorher bald an diesen,
bald an jenen Lehren, nach ihrer Manier, zu
beßern suchten; so war dieses doch vorübergehend,
und gieng dabey nicht so ins Große und Ganze, als
in dieser Bibliotheck, worinn gleich anfänglich, nach
dem eignen Geständniß des Herausgebers, ein gewisser Plan zum Grunde lag, (Beleg V.) von welchem
man jedoch in den ersten Bänden nur zuweilen einiges
durchschimmern ließ, weil man es noch nicht für rathsam hielt, sogleich ganz herauszurücken, als welches
erst nach und nach geschah, als man mehr Fuß gefaßt hatte.

Ungefähr um die nemliche Zeit erschienen mehrere
einzelne Versuche, deren sich die Bibliotheck stattlich
zu bedienen mußte, indem sie solche empfahl, und die
darinn geäusserten Meynungen und Grundsätze in das
große Publicum brachte. Dahin gehörten verschiedene

Arbeiten des berühmten, nun verstorbnen Dr. Semlers in Halle. Dieser fieng bald nach Baumgartens
im Jahr 1757. erfolgten Tode an, theils in den
nachgelaßnen Vorlesungen dieses Theologen, die er
nach und nach herausgab, theils in besondern, meistens kleinen Schriften, allerley neue Dinge zum Vorschein zu bringen, wozu er durch seine große Lectüre
auch im Stande war. Er sagte manches Wahre und
Brauchbare; aber sein großer Hang zum Paradoxen,
nach welchem er gerne Zweifel, auch wohl über die
ausgemachteste Dinge erregte, ließ ihm vieles in einem
ganz falschen Licht erblicken. Die Eilfertigkeit, womit er schrieb und drucken ließ, verstattete ihm keine
genaue Prüfung; was ihm eben einfiel, das kam sogleich unter die Presse, oft noch eher, als er sich
einen Plan entworfen hatte; und daher geschah es,
daß er in den folgenden Bogen einer Schrift dem
Vorhergehenden manchmal geradezu widersprach; wiewohl er solches, wenn es auch handgreiflich war, doch
nicht leicht zuzugeben pflegte. Seine Gedenkungsart
war überhaupt verworren, und nicht selten widersprach er schon im Nachsatz einer Periode das, was
er in dem Vorsatz derselben gesagt hatte. Dabey war
sein Stil sehr dunkel; welches er bey erfolgenden Wider-
sprüchen dahin benutzte, daß er vorgab, wie es dann
auch manchmal der Fall war, man habe ihn nicht
recht verstanden.

Ein solcher Mann würde wenig Schaden angerichtet haben, wenn die allgemeine deutsche Bibliotheck
dasjenige, was in ihren Plan paßte, nicht zum öftern
weiter entwickelt, in einer deutlichern und gefälligern

Sprache vorgetragen und angepriesen hätte; welches
dann mehrere Journale, auch einzelne Schriftsteller
nachahmten, die sich auf diesen Patriarchen der Aufklärung, wie man ihn hin und wieder nennte, vornemlich alsdann, wenn sie in Verlegenheit kamen,
zu beziehen pflegten. Die Bibliotheck vergötterte ihn
beynahe, und es fehlte nichts weiter, als daß man
es laut sagte: seine Aussprüche seyen untrüglich: denn
zu verstehen gab man dieses oft genug.

Kritick und Historie waren die beyden Hauptfä-
cher, worinn Semler ausgebreitete Kenntnisse hatte.
In der Kritick brachte er manches Wahre und Wichtige vor; legte aber auch schon 1764. als er seine
historische und kritische Sammlungen über die sogenannten Beweisstellen in der Dogmatick herausgab,
manche kritische Regeln zum Grund, womit fast alles
zweifelhaft gemacht werden konnte; welches er hernach
in mehrern andern in deutscher und lateinischer Sprache
verfertigten Schriften fortgesezt hat. In der Historie
machte er es nicht besser. Er gieng zulezt so weit,
daß er den bekannten Brief des Plinius über die Christen zweifelhaft machen wollte. In den Baumgar-
tenischen Untersuchungen theologischer Gerechtigkeiten,
die er 1762 — 1764 herausgab, und in einigen lateinischen in die Kirchenhistorie einschlagenden Schriften,
die bald darauf folgten, brachte er manche seltsame
Dinge vor, die er hernach in unzähligen andern Schriften so sehr häufte, daß selbst seine größten Verehrer
nicht mehr alles für wahr zu halten sich erkühnten;
wiewohl sie von dem Uebrigen, das fast eben so wenig
wahr war, aber doch scheinbarer gemacht werden

konnte, fernern Gebrauch zu machen nicht ermangelten.
Im Jahr 1771 gab er freymüthige Untersuchungen des
Canons in mehrern Bänden heraus, und bediente sich
darinn solcher Grundsätze, womit man das Ansehen
aller biblischer Schriften umstoßen konnte, welches
dann nachher noch viele Schriftsteller weiter benutzten.
Im Jahr 1774 kam seine lateinische Dogmatick (In-
stitutio ad doctrinam christianam liberaliter discen-
dam.) und 1777 eine Art von Uebersetzung derselben
heraus, unter dem Titel: Versuch einer freyen theologischen Lehrart, zur Bestättigung und Erläuterung
seines lateinischen Buchs.

Er hütete sich in diesen beyden Hauptbüchern,
wie in allen seinen übrigen Schriften, die hier nicht
alle angeführt werden können und sollen, sein eignes
System klar und deutlich anzugeben; entweder weil
er sich immer eine Ausflucht offen behalten wollte, oder
weil er in der That kein solches System im Kopf
hatte: denn oft neigte er sich zu dem christlichen In-
differentismus, nach welchem nur sehr wenig in der
christlichen Religion wichtig ist, und das ein jeder
selbst bestimmen möchte; aber eben so oft fiel er auch
auf den Scepticismus, als wenn gar nichts gewisses aus-
zumachen stünde. Aber so viel war immer klar, daß
nach seiner Meynung das protestantische so wenig, als
irgend ein anderes System durchaus wahr, sondern
daßelbe vielmehr großer Verbesserungen bedürftig sey;
woran dann vornemlich die Professoren auf Universitäten, die einen ganz besondern Beruf dazu hätten,
Hand anlegen müsten.

Als

Als aber Dr. Bahrdt im Jahr 1779. nach Halle
kam, und sich bey seinen Abweichungen von dem lu-
therischen Lehrbegriff auf Dr. Semlern berief; so wollte
dieser solches nicht Wort haben. Er nahm zwar nichts
von dem, was er sonst behauptet hatte zurück, sondern
suchte es durch die Distinction zwischen öffentlicher
und Privatreligion ein wenig zu mildern, und behauptete, das er nie von den symbolischen Schriften, die
er doch so oft und in seinen Dogmaticken in fast allen
einzelnen Artickeln bestritten hatte, abgewichen, und
daher ein ächtlutherischer Lehrer und folglich ein ganz
anderer Mann, als Dr. Bahrdt sey. Welches selbst
seine eifrigsten Anhänger nicht recht begreiffen konnten.
Die allgemeine deutsche Bibliotheck, die inzwischen
mehr Feld gewonnen hatte, nahm es ihm nun sehr
übel, daß er sich dem großen Aufklärer Bahrdt so
entzog, und sogar gegen ihn schrieb, und ließ ihn deswegen mehrmals hart, und beynahe so grob an, als
Semler manchen andern ehrlichen Leuten, insonderheit dem berühmten verstorbnen Walch in Göttingen, begegnet hatte. Indeß fuhr doch die Bibliotheck
fort, manche seiner Sätze, sowohl aus seinen vorhergehenden, als nachfolgenden Schriften, nach ihrer
Gewohnheit hervorzuziehen, aufzuputzen, und somit
zum allgemeinen Gebrauch zu empfehlen.

e

X.

Tellers und Damms Systeme 1764 u. f.

Neben Semlern war der Hr. Ober=Consistorialrath und Probst Wilhelm Abraham Teller zu Berlin der wichtigste Mann, dessen Grundsätze die allgemeine deutsche Bibliotheck auf alle nur mögliche Art, bey aller Gelegenheit und in unzähligen Widerholungen anzupreisen suchte. Bereits im Jahr 1764, als er noch Professor in Helmstädt war, hatte er ein Lehrbuch des christlichen Glaubens herausgegeben, das völlig socinianisch war. Es machte anfänglich einiges Aufsehen, aber man war der ehemals so gewöhnlichen Streitigkeiten gewißermasen müde, und so wurde es fast vergessen. Aber im Jahr 1771 erschien sein Wörterbuch des neuen Testaments, worauf schon das folgende Jahr eine zweite, und nachher noch mehrere Ausgaben erfolgten. In demselben war Hr. Teller ungleich weiter gegangen, als in dem Lehrbuch. Er stellte solche Auslegungsregeln und solche Erklärungen der Hauptbegriffe des Christenthums und der vornehmsten Stellen der heiligen Schrift auf, daß nach denselben die christliche Religion für nichts weiter, als für einen in ein gewisses jüdisches Kleid eingehüllten Naturalismus gehalten werden konnte und sollte.

Um eben diese Zeit, im Jahr 1764 und 1765 kam Damm mit einer neuen Uebersetzung des neuen Testaments zum Vorschein, worinn er die christliche Religion jämmerlich verdrehte. Er war Rector des Cöllnischen Gymnasii in Berlin, wurde aber darüber,

. jedoch mit Beybehaltung seiner Besoldung, seines
Amts entsetzt: denn damals hatte man in dem Ober=
Consistorio und dem geistlichen Departement die nach=
maligen weiten Grundsätze noch nicht angenommen.
Im Jahr 1772 schrieb Damm eine Abhandlung über
den historischen Glauben, und 1773. Betrachtungen
über die Religion, worinn er sein System, das er in
jener Uebersetzung, vorzüglich in den Anmerkungen,
vorgetragen hatte, wiederholte, und mehr im Zusam=
menhang vorstellte.

Dasselbe fand anfänglich wenig Beyfall: denn es
war zu auffallend. Selbst die allgemeine deutsche
Bibliotheck, die erst im Aufkeimen war, getraute sich
nicht, dasselbe in ihren Schutz zu nehmen. Nach ihrem
Plan kam es zu früh; die Leute mußten erst gehörig
vorbereitet werden, ehe sie so eine starke Speise ver=
dauen konnten; man wollte sie nicht gleich fornenweg
abschröcken und empören. Nach und nach hat die Bi=
bliotheck fast alle Sätze desselben, und zwar nach ihrer
schleichenden Manier, erst als zweifelhaft und pro=
blematisch, dann als wahrscheinlich, und endlich als
so ausgemacht vorgestellt, als wenn bey vernünftigen
Leuten gar kein Zweifel mehr darüber möglich wäre.
Hierauf haben mehrere einzelne Schriftsteller das nem=
liche gethan, und, nach dem Muster der Bibliotheck,
erst diejenigen Sätze vorgebracht, die am wenigsten
auffielen, und denen noch einiger Schein gegeben
werden konnte, als seyen sie von den gewöhnlichen
Lehren der Protestanten nicht sonderlich verschieden;
worauf sie dann nach und nach auch zu den übrigen
geschritten sind, ohne daß jedoch auch nur einer von

ihnen den Mann genennt hätte, mit deſſen Kalb ſie
gepflügt hatten; wiewohl auch manche die Quelle
vielleicht ſelbſt nicht wuſten, indem ſie ihre Sächel=
chen aus der Bibliotheck, dem allgemeinen und großen
Codex aller Aufklärung hergenommen hatten.

Es beſteht aber daſſelbe in Folgendem: „ Die
Schriften Moſis ſind nicht von Gott eingegeben, ſo
wenig als andre in der Bibel; wenn man aber doch
den Ausdruck gebrauchen will, ſo heißt dieſes weiter
nichts, als ſie enthalten Stellen, die auf Gott füh=
ren können, und die inſofern wie alles übrige Gute in
der Welt von Gott herrühren. Moſes konnte das Al=
ter der Welt ſo wenig wiſſen, wie wir, die Geſchichte
von dem Fall iſt eine Erdichtung. Vieles iſt in ſei=
nen Erzählungen wahr; aber die ganze Einkleidung
derſelben iſt Dichtung. Eben ſo verhält es ſich mit
dem Buch Hiob. Alle im Buch Joſua angeführte
Umſtände von der Einnahme des Landes Canaan ſind
erdichtet. Alle übrigen hiſtoriſchen Bücher des alten
Teſtaments enthalten eine Menge von Falſchheiten.
In den Pſalmen finden ſich trefliche Betrachtungen,
aber ganz und gar keine Weiſſagungen; ſo auch in den
Propheten. Das Wahre und Lehrreiche derſelben
können wir indeſſen näher haben. Daniel iſt voll von
übertriebenen und abergläubiſchen Geſchichten. Alle
altteſtamentliche Bücher ſind blos menſchliche Bücher.
Das Hiſtoriſche derſelben iſt oft dunkel, und manch=
mal unmöglich zu entwickeln. Man ließt an ihrer
Statt beſſer eine jede andere pragmatiſche Geſchichte.
Was in ihnen wahr iſt, iſt nicht deswegen wahr, weil
ſie es vorbringen, ſondern weil es für ſich wahr iſt.

Man kann sich nicht auf sie zum Trutz der gesunden Vernunft berufen: denn diese bleibt die Richterin über das, was in ihnen wahr, und in sofern göttlich ist.

Mit den Schriften des neuen Testaments verhält es sich eben so; sie sind nach Art der alten jüdischen Welt abgefaßt. Wahrheiten und Erdichtungen stehen unter einander. Ihre Verfasser haben keine eigentliche göttliche Eingebung gehabt; es finden sich im Gegentheil in ihren Schriften viele Mängel und Unvollkommenheiten.

Jesus war ein Sohn Gottes, das ist, ein recht göttlicher und guter Mensch in seinem Lebenswandel und in seiner Lehre. Diese ist nichts als die natürliche Religion, die damals sehr verfinstert war. Sie ist aber weder auf Wunder, noch auf Weissagungen gebaut, sondern auf ihren innern Werth, da sie der gesunden Vernunft so gemäß ist. Die Wunder, von denen geredet wird, geschahen durch natürliche und äusserliche, aber nicht einem jeden bekannte Mittel. Die übrigen Erzählungen, die man nicht eben so erklären kann, sind Allegorien, die nicht buchstäblich, sondern nach einem geheimen Sinn verstanden werden müssen. Wenn man sie damals buchstäblich verstand, so that zwar dieses keinen Schaden, sondern war vielmehr beförderlich; aber in unsern heutigen erleuchteten Zeiten kann man sie nicht mehr buchstäblich verstehen.

Jesus ist insofern ausserordentlich empfangen, als seiner Seele im Mutterleib ausserordentlich große Gaben mitgetheilt wurden; sonst ist er nach dem ordentlichen Lauf der Natur gebohren, ein Sohn Josephs

und der Maria. Sein Tod ist ganz und gar kein
Versöhnungs-Tod. Ja, er ist gar nicht einmal am Kreuz,
an welchem er nur eine kurze Zeit hieng, gestorben.
Er war nur in einer Ohnmacht, und als er begraben
wurde, erholte er sich, wurde wieder aus dem Grab
herausgenommen, und in der Stille weggebracht. Er
entfernte sich hernach aus dem jüdischen Lande, weil
seine Person zur Fortsetzung und Ausbreitung seiner
Lehre nicht mehr nothwendig, sondern wohl eher hin-
derlich war, (nachdem er zuvor, wie weyland Bahrdt
zusetzte, einen geheimen Orden gestiftet hatte.) Er
ist also auch nicht gen Himmel gefahren; und die Be-
gebenheit auf Pfingsten gieng natürlich zu, und ist kein
Wunder.

Es giebt demnach keine eigentlich = geoffenbarte
Religion; es giebt keine Geheimnisse. Die Hauptsache in der christlichen Religion ist die Moral; und
weiter ist sie nichts. Die Lehre von der Dreyeinigkeit
ist falsch, und hat vielen Schaden angerichtet. Engel
giebt es nicht; sie sind entweder Menschen, oder blose
Bilder. Teufel giebt es also auch nicht, der Name
bedeutet entweder böse Menschen, oder schwere Krank-
heiten. Das Ebenbild Gottes bestehet in der Vernunft; die Menschen haben es also nicht verlohren.
Erbsünde ist weiter nichts, als die bey einem jeden
Geschöpfe, als einem endlichen Wesen nothwendige
Möglichkeit zu sündigen. Keiner Versöhnung bedarf
man, Gott zürnt nicht; wohl aber ist Besserung und
Rechtschaffenheit nothwendig. Die Auferstehung der
Todten ist nichts, als ein Bild von dem fortdauernden Leben der Seele nach dem Tod. Das jüngste Ge-

richt erfolgt nicht so, wie es die Bibel vorstellt; dieses
sind blose Bilder. Die Welt vergeht nicht, die Erde
auch nicht gänzlich. Die Strafen der Gottlosen nach
dem Tode werden ein Ende nehmen. Die Taufe ist
nichts weiter, als ein Zeichen der Aufnahme in die
Gesellschaft derer, welche die Lehre Jesu bekennen.
Das Abendmahl ist ein Gedächtnißzeichen, nicht von
dem Tode Jesu, sondern von der Heilsamkeit seiner
Lehre und seines Hauptgebots von der Liebe gegen
den Nächsten

Das ist dann das System, welches Mehrere nicht
mit Unrecht den christlichen Deismus genennt haben,
weil doch Christus noch eine Stelle darinn hat, da
Er in dem eigentlichen Deismus nicht vorkommt. Doch
ist Er darinn nicht mehr, als in irgend einer philosophischen Secte der Stifter desselben, den man zwar noch einigermaßen ehrt, auf dessen Ansehn man aber nichts,
sondern alles auf die von ihm vorgebrachten Gründe
rechnen muß; wiewohl Pythagoras bey seinen Anhängern würklich mehr galt, indem sie sich zum öftern, statt aller anderer Beweise, auf sein: Er hat
es selbst gesagt, beriefen.

Dies ist eben das System, das man uns heutiges
Tages unter dem Nahmen des reinen und ursprünglichen Christenthums in unzählichen Schriften
noch immer aufzubringen sucht; jedoch mit dem Unterschied, daß man sich über die Begebenheiten Christi
entweder gar nicht erklärt, oder wenn man sie nicht
wohl übergehen kann, dieselben für ganz unwichtig
ausgiebt, und wenn man sich nicht getraut, die
Wunder geradezu wegzuläugnen, die beweisende Kraft

derselben so zu schwächen sucht, daß sie zu nichts
mehr dienen. In einigen Nebenpuncten weichen zwar
die Reformatoren der neuesten Zeiten von einander
ab: allein in der Hauptsache, daß die christliche Religion weiter nichts, als Naturalismus sey, stimmen
sie jezo alle miteinander überein, ob sie es gleich nicht
Wort haben wollen, daß ihr System Naturalismus
sey. In dieser Hauptsache kommt das System des
Hrn. D. C. Tellers mit demjenigen, welches Damm
aufgestellt hat, auch überein; nur daß Damm in Absicht auf die Geschichte Christi weiter gegangen ist. Die
allgemeine deutsche Bibliothek konnte also beyde, ohne
sich selbst zu widersprechen, empfehlen, wie sie auch
nach und nach that; wobey sie aber Hrn. Tellers zum
öftern, Damms aber, der nicht zu dem Ansehen wie
jener gelangt war, nicht erwähnte.

Daß würklich hierinn das System der Neuern be-
stehe, kann man sich aus folgenden beyden Schriften,
die zu Gunsten desselben geschrieben worden, überzeugen: 1) Beruhigungs-Gründe wegen den neuen
Veränderungen des Lehrbegriffs der protestantischen
Kirche. Bey Gelegenheit einer Preisaufgabe der
Societät der Unternehmer der Jenaischen allgemeinen
Litteraturzeitung, mit einem Vorbericht von den Her-
ausgebern derselben. 8. Berlin und Libau bey Lagarde
und Friedrich. 1790. Die Preisaufgabe, deren Absicht
aus ihr selbst leicht abzunehmen ist, lautete: „Welches sind die Veränderungen, die in gegenwärtigem
Jahrhundert, vornemlich in der zweyten Hälfte dessel-
ben in der gelehrten Darstellung des dogmatischen
Lehrbegriffs der Protestanten in Deutschland gemacht

worden? Wie ist sie durch nähere Bestimmung der
Lehrsätze, durch strengere Beurtheilung der Beweise,
durch genauere Abmessung der Wichtigkeit einzelner
Dogmen verbessert, endlich durch bestimmtere Unter-
scheidung zwischen Theologie und Religion brauchbarer
gemacht worden? Und was haben Philosophie, Sprach-
kenntniße und Geschichtkunde, jede an ihrem Theil
zu dieser Verbesserung beygetragen? 2) Erzählung
und Beurtheilung der wichtigsten Veränderungen, die
vorzüglich in der zweyten Hälfte des gegenwärtigen
Jahrhunderts in der gelehrten Darstellung des dogmatischen Lehrbegriffs der Protestanten in Deutschland gemacht worden sind, nebst einem Anhang über
das Recht der freyen Religionsprüfung, 8. Halle bey
Gebauer 1790.

Hiermit kann man die oben schon angeführten
(Beleg V.) drey Gutachten von Döderlein, Ecker-
mann und Löffler 8. Görlitz 1794. bey Hermsdorf und
Anton, verbinden, als worinn man alle die herrliche
Sächelchen der Neuern, wie in einer Nuß, beysammen
finden kann. Freylich unterstand man sich nicht, das
ganze System Damms zu behaupten, und die Begebenheiten Jesu geradezu zu läugnen. Aber man stellte
sie als unwichtig in Bezug auf die Religion selbst vor;
worinn Hr. General-Superintendent Löffler in Gotha
die beyden andern weit übertraf, indem er auſſer dem
auch noch die wunderbare Empfängniß Christi und seine
Himmelfahrt zweifelhaft zu machen suchte; denn sie ganz
zu läugnen, war für einen christlichen General-Su-
perintendenten nicht wohl rathsam. In der Vorrede
seines übersetzten Versuchs über den Platonismus der

Kirchenväter, 8. Züllichau 1792. konnte er sich den Wunsch erlauben: ,, daß der Urheber der wohlthätigen Religion, welche von ihm den Nahmen trägt, der christlichen Welt immer unbekannt geblieben seyn möchte, damit sie nur der Wohlthat seiner Wahrheit genoßen, nicht den Mißbrauch seiner Person empfunden hatte. " Dieses heißt mit andern Worten nichts weiter, als: in der christlichen Religion kommt gar nichts auf die Autorität Christi an; seine Lehren sind nicht um deswillen wahr, weil Er sie vorgetragen hat, sondern nur diejenigen sind wahr, die mit innern Gründen, mit Beweisen aus der Vernunft unterstützt und dargethan werden können. Also haben wir nun eine christliche Religion ohne Christum! Sollte man hier nicht eben das sagen können, was Titus den jüdischen Priestern, die ihn nach der Einäscherung des Tempels zu Jerusalem, um ihr Leben baten, antwortete: wozu braucht man Priester, wenn man keinen Tempel mehr hat?

XI.

Gänge der allgemeinen deutschen Bibliotheck von 1765 an.

Die allgemeine deutsche Bibliotheck trat anfänglich ziemlich leise, ob sie gleich ihre Absicht schon in dem ersten Band bey der Recension des Tellerischen Lehrbuchs zu verstehen gegeben hatte. Wahrscheinlich war man, obgleich der Hauptplan bereits entworfen

war, noch nicht bekannt genug mit allen einzelnen
Mitteln, die man zur Ausführung deſſelben einſchla-
gen wollte. Auch mochte man die Mitarbeiter nicht
gleich ſo haben ſtimmen können, wie man ſie verlangte.
Denn hierzu war Zeit erforderlich; zumal da ſich ſicherlich Leute unter ihnen fanden, die bey aller Begierde
zu reformiren, doch ſchwerlich Luſt hatten, ſo weit zu
gehen, als man von Seiten des Herausgebers und
ſeiner nächſten Vertrauten wünſchen mochte. Dieſe
Leute mußte man ſchonen, wenn man nicht wollte,
daß ſie bald wieder abtreten, oder gar Lerm ſchlagen
ſollten. Daher ließ man es geſchehen, daß bald Arminianiſche, bald Socinianiſche Vorſtellungs-Arten,
ob ſie gleich dasjenige nicht eigentlich waren, was
man bezweckte, mit einfloßen: denn ſie konnten wenigſtens einſtweilen dazu dienen, das ächt-proteſtantiſche
Syſtem zu verdrängen. Man ließ ſogar orthodoxe Recenſionen zuweilen noch zu, weil dieſe beförderlich ſeyn
konnten, das Publicum mit einem angenommenen
Schein von Unpartheylichkeit zu täuſchen, die Orthodoxen nicht geradezu und vor der Zeit gegen ſich aufzubringen, den ganzen Plan eine Zeitlang künſtlich
zu verbergen, und ſomit das gehörige Feld zu gewinnen. Nach und nach giengen die Mitarbeiter, die
nicht recht in den Plan paßten, oder die man umzu-
ſtimmen nicht hoffen konnte, entweder von ſelbſt ab;
oder man entledigte ſich ihrer mit guter Manier, und
ſetzte andre an ihre Stelle.

Auch die Leſer wurden nach und nach gewöhnt,
immer mehr zu verlangen. Daher man dann ſelbſt aus
offenbar-feindſeligen Schriften, ob man ſie gleich im

ganzen anzupreisen sich nicht erkühnte, Sätze heraus
nahm, die man bald entschuldigte, bald als wahr zu
rechtfertigen suchte; bis man endlich immer weiter mit
der Sprache herausrückte.

Dabey nahm man sich aber in Acht, kein ganzes
System aufzustellen; als welches freylich die meisten
Leser revoltirt haben würde. Man gieng künstlicher zu
Werk, griff anfänglich bald diese bald jene einzelne minder
wichtige Lehren an, und schritt nur stufenweise weiter.
Man nahm zuerst nur einige Riegel und Balken, die
man zur Noth entbehren konnte, aus dem alten Gebäude weg; setzte auch wohl zuweilen einige andre
ein. Nachher machte man es mit den Eckposten und
Schwellen eben so; und nach Verlauf verschiedner
Jahre stand ein neues Gebäude da, das man immer
noch für das alte ausgab, und dem man zu dem Ende
auch hin und wieder einigen Anstrich des alten gegeben hatte.

Viele Leute merkten zwar, daß man einzelne
Lehren antastete und wegzuschaffen suchte: widersetzten
sich auch wohl in einzelnen kleinen Schriften. Aber
den ganzen Plan, und daß alles, was Christenthum
und Offenbarung sey, ganz weggeräumt werden sollte,
entdeckte man erst nach Verlauf von einer beträchtlichen
Anzahl von Jahren und Bänden. Denn erst in den
Siebenziger Jahren dieses Jahrhunderts, und vornemlich gegen das Ende derselben fieng man an, einzusehen, daß durch die Bibliotheck eine ganz neue Religion im Ganzen eingeführt werden sollte. (Relig.
Begeb. 1779. I. St. S. 38. u. f. 3. St. S. 173 : 193.)

Mit dem Jahr 1782 gieng eine Veränderung mit der Bibliotheck vor; zwar nicht in dem Plan, als welcher beybehalten und immer weiter verfolgt wurde, sondern in der Sprache, welche nun immer übermüthiger, zudringlicher und gröber wurde, insonderheit gegen die Katholicken, die man bisher mit einiger Schonung behandelt, und wenn etwas von Aufklärung bey ihnen bemerkt wurde, gelobt, und zur Fortsetzung ermuntert hatte. Man wuſte die Ursachen hiervon nicht gleich, erfuhr sie aber, als man nähere Nachrichten von den Illuminaten und ihren Absichten vornemlich durch die sogenannten Originalschriften, überkommen hatte.

Sie bestanden kürzlich darinn: Hr. Nicolai war auf seiner im Jahr 1781 unternommnen Reise in diesen Orden getreten, welches der General desselben bereits zu Anfang des Jahrs 1782 den Areopagiten, seinen nächsten Gehülfen, notificirte. Die Absichten des Ordens stimmten zum Theil mit den seinigen überein, und ob er gleich die förmlich ausgearbeiteten höhern Grade erst im J. 1784 zu Gesicht bekommen haben will; so ist es doch nicht glaublich, daß man einem solchen Manne die eigentlichen und wichtigsten Zwecke des Ordens so lange vorenthalten haben sollte. Selbst seine Bibliotheck bezeugt, daß er sie wußte: denn gleich mit dem Jahr 1782. fieng man darinn an, auf die Katholicken loszuziehen, und von den Gefahren zu reden, welche den Protestanten von den heimlichen Machinationen derselben, vornemlich der Jesuiten, bevorstünden, wovon in den vorhergehenden

Bänden noch nichts vorgekommen war. Dieses aber
rührte zulezt von den Illuminaten her.

Denn das Vorgeben von einem heimlichen Catholicismus und Jesuitismus unter den Protestanten war
wo nicht ganz ursprünglich eine Erfindung des Ordens, doch ein Haupthebel in der Maschine, um Freymaurer gegen ihre eigne Gesellschaft mistrauisch zu
machen, und sie an sich zu ziehen, die Achtsamkeit
des Publicums anderstwohin zu lenken, Catholicken
und Protestanten hintereinander zu hetzen, und während dem im Stillen desto ungehinderter zu operiren.
Bode hatte diese Grille bereits im Kopf, ehe er noch
mit den Illuminaten bekannt wurde, welches im Jahr
1782 geschah. (S. Fragmente zu Bodes Biographie,
8. Rom. 1795. S. 69.) Aber Hr. Weishaupt hatte
den nemlichen Gedanken auch schon, ehe noch Bode
zu den Illuminaten getreten war. Denn der Freyherr
von Knigge schrieb bereits 1781. unter dem Nahmen:
Alois Majer ein Schriftchen über Jesuiten, Freymaurer und deutsche Rosenkreutzer, nach seiner eignen
Aussage auf Herrn Weishaupts Geheiß (Nachtrag der
Drtgsch. S. 112.) Darinn meldete er bereits, daß sich
die Jesuiten hinter die Freymaurerey und die Protestanten gesteckt hätten; doch drückte er sich dabey noch
mit vieler Behutsamkeit aus. Es sey nun, daß bereits mehrere Freymaurer, außer Bode, die Idee von
Einmischung der Jesuiten in die Freymaurerey und
den Absichten derselben auf die Protestanten, welches
man als eine Folgerung herauszog, gehegt haben, von
welchen Hr. Weishaupt es mittelbarerweise hatte erfahren können, oder daß diese beyden große Köpfe

von felbft auf einerley Gedanken gerathen find: fo ift
offenbar, daß diefe Idee bald bald nach dem Zutritt
des Hrn. Nicolai mehr unter die Leute gebracht wurde.
Diefes gefchah theils durch feine Reifebefchreibung,
theils und vornemlich durch die im Jahr 1783 ange-
fangne Berlinifche Monatsfchrift, welche im Februar-
ftück 1784 den erften Anfang machte, und durch et-
liche Jahrgänge damit fortfuhr, worüber dann weit-
läufige Streitigkeiten entftanden find.

Von diefem Zeitpunct an, wo Hr. Nicolai ein
Illuminat geworden war, fieng die allgem. deutfche
Bibliotheck an, den Catholicken auf das härtefte, gröb-
fte und bitterfte zu begegnen. Denn dies erforderten
die Abfichten des Illuminaten-Ordens, durch welchen
Herr Nicolai mit feinen Verbündeten, die nun nach
und nach gröftentheils mit dem Orden zufammenfchmol-
zen, auch mächtig genug geworden war, um alle
Anderftgefinnte zu Boden zu drücken.

Schon vorher hatte Hr. Nicolai einigen Einfluß
auf kleinere Journale und gelehrte Zeitungen gehabt,
(Beleg V.) Aber nunmehr wurde es immer fichtbarer,
daß die Verfaffer und Redacteurs derfelben auch nach
dem Plan handelten, der in feiner Bibliotheck befolgt
wurde. Sie verfuhren im Loben und Tadeln der
von ihnen angezeigten Schriften nach einerley Grund-
fätzen; was der Eine Recenfent tadelte, tadelten faft
alle Uebrigen auch, oft auf die nemliche Art, zuweilen gar mit den nemlichen Wendungen, Floskeln,
hämifchen, fpitzigen oder groben Ausdrücken. Man
fah diefes; aber man wufte die Urfachen nicht eher,

als bis man den Bund und die Gänge der Illuminaten genauer hatte kennen lernen.

Unter mehreren hatten vornemlich die Schriften,
welche der so heftig angegriffne Dr. Stark zu seiner
eignen Vertheidigung gegen den ihm angedichteten
Kripto-Katholicismus herausgegeben hatte, das Schicksal von den Recensenten entweder ganz mit Stillschweigen übergangen, oder schief vorgestellt, und
dann auf das tiefste herabgewürdigt zu werden; wogegen die Schriften seiner Gegner sogleich ausposaunt
und erhoben wurden. (Beleg VIII.) Eben so verfuhren die Herren mit allen Schriften, die gegen die
Illuminaten herausgekommen waren, wenn sie ihrer
ja noch gedachten. Die Originalschriften selbst über-
giengen, die meisten gänzlich, um sie in Vergessenheit
zu bringen; und wenn sie doch nicht wohl umhin
konnten, dieselben anzuführen, so verkleisterten und
verschönerten sie alles, oder entschuldigten es wenigstens mit erdichteten guten Absichten, wobey sie es
denn an Schmähungen gegen diejenigen, welche die
Illuminaten, ihre und vornemlich Hrn. Weishaupts
Rechtfertigungen nicht für unschuldig und gründlich erkennen wollten, nicht ermangeln ließen.

Seitdem ist es so fortgegangen, und nachdem
das königl. Preußische Religions-Edikt 1788 erschie-
nen war, immer ärger geworden. Schriftsteller und
Recensenten wurden nun noch unbändiger; ein jeder
Knabe, der eine Scharteke schrieb, oder in einer
Recensions-Fabrik Handlanger war, ergriff eine jede
Gelegenheit bey den Haaren, oder brach sie, wie
                                                    man

man zu reden pflegt, vom Zaun ab, um würdige und
angesehene Männer hinter seinem Vorhang heraus
mit Koth zu bewerfen. Alle die, welche sich dem
Aufklärerwesen auf irgend eine Art entgegensetzten,
wurden verschrieen und verlästert, und da dieses fast
von allen Orten her geschah, so wurden die respecta-
belsten Männer bey dem großen Publico, das den Recensenten nur allzuviel traut, angeschwärzt und verhaßt gemacht. Wann dann solche Männer wieder etwas schrieben, so berief sich der ganze Schwarm sogleich
darauf, daß dieselben schlechte und verächtliche Leute
seyen, wozu sie solche freylich zu machen gesucht hatten;
gleich als wenn solches bereits notorisch und gar keinem
Zweifel mehr ausgesetzt wäre; wie erst noch kürzlich in
dem: Auszug eines Briefs die Illuminaten betreffend,
8. Leipzig, in der Schäferischen Buchhandlung 1794.
geschehen ist, (S. 4. in der Note.)

Um diese nemliche Zeit bemerkte man auch von
manchen Buchhändlern Schritte, die sich mit dem
Mercantilischen sonst nicht vertragen, aber auf höhere
Veranlassung der hinter ihnen steckenden Verbündeten
vorgenommen wurden, wovon schon (Beleg VIII.)
einige Exempel erzählt worden, und noch mehrere
erzählt werden sollen. (Beleg XIII.)

XII.

Ueber die Gefahr der Staaten und der Religion, eine Schrift von 1791.

Im Jahr 1791 erschien eine kleine Schrift unter folgendem Titel: Ueber die Gefahr, die den Thronen, den Staaten und dem Chriſtenthum den gänzlichen Verfall droht, durch das falſche Syſtem der heutigen Aufklärung und die kecken Anmaßungen ſogenannter Philoſophen, geheimer Geſellſchaften und Secten. An die Großen der Welt, von einem Freunde der Fürſten und der wahren Aufklärung; mit Datis und Urkunden belegt aus dem Archiv unſers Jahrhunderts, 8. 1791, 106. Seiten.

An die Großen ſcheint das Schriftchen nicht gekommen zu ſeyn, oder man hat es ihnen bald wieder auszureden gewußt, daß irgendwo Gefahr ſey, wie auch der Autor, deſſen Nahme noch nicht mit Gewisheit bekannt geworden iſt, ſelbſt befürchtete. Er fängt mit dem Jahr 1770 an, bezieht ſich auf verſchiedene Schriften, die damals ſchon in Frankreich erſchienen waren, nennt mehrere deutſche Schriften, worinn eben ſo gefährliche Grundſätze vorgetragen worden, beruft ſich auf den Illuminatismus, die deutſche Union, und die franzöſiſche Propaganda in Deutſchland, und ſtellt das ganze Syſtem im Zuſammenhang dar, welches dann der Illuminatismus iſt, wie man leicht ſehen kann, wenn man daſſelbe mit den Originalſchriften und nun auch mit den in den ſogenannten neueſten Arbeiten des Spartacus und Philo vergleichen will, und eben daher jezt so bekannt ist, daß es hier nicht widerholt zu werden braucht.

Dagegen will ich eine Stelle aus seiner Anrede an die Fürsten S. 34 u. f. mittheilen. Vielleicht macht sie nun noch einige Sensation.

„Ja! so ists, ihr Mächtigen der Erde. Es existirt würklich ein Schwarm von Feinden der Offenbarung, der euch gefährlicher ist, als alle ausländische Feinde sind. Ihre Kämpfe sind fürchterlicher, ihre Streiche sicherer, ihre Eroberungen gewißer. Ihr Plan ist nicht gemacht, um eurer Gewalt einen Flecken Landes zu entziehen; er ist entworfen, um euch mit der Zeit eure Thronen zu rauben; ihr werdet nicht in eisernen Fesseln des Besiegten schmachten, sondern man wird euch mit sittlichen Ketten binden, die euch erbarmungswürdiger, als einen Kriegsgefangenen machen werden. Vielleicht werdet ihr einige Zeit hindurch noch den schaalen Nahmen eines Fürsten führen können; aber vielleicht auch werden eure Feinde euer Andenken vollends erlöschen, als wenn nie ein Thron gestanden wäre. Erwartet diesen Augenblick nicht, und beugt der Mine vor, die man gräbt; wenn die Flamme ausbricht, ists zu spät; sicherer wird sie gelöscht, weil sie noch glimmt; dann würde es zu spät seyn, um Freunde zu rufen; alsdenn würde der Zeitpunkt schon da seyn, indem eure Freunde zu unmächtig wären, euch zu unterstützen. Eure Leibwachen würden nicht mehr die eurigen seyn; sie würden die Wachen eines zügellosen Volks seyn, das nicht mehr durch Gesetze, sondern durch Launen regiert wird. Ihr würdet zwar rufen, aber niemand würde mehr

sich getrauen, sich euch zu nahen; denn der Nahme
Fürstenliebe würde Verbrechen, und Gehorsam Laster
genennt werden.

„ Ich rede nicht ohne Grund zu euch; alles was
ich da sage, steht in öffentlichen Schriften: ihr dürft
sie nur aufmerksam sammlen, und das ganze System
ist in euren Händen. Freylich werden oft nur stück-
weise manche fliegende Piecen herausgegeben, um das
Volk nach und nach an stärkere zu gewöhnen; wenn
man aber allen den Wirrwarr der Schreiberey, die
Plane gewisser Journalisten zusammen nimmt, ihre
Recensionen, ihren Geifer, mit welchem sie auf alles
loszziehen, was Christenthum heißt: betrachtet, so
sieht man überzeugend, daß die Religion zu stürzen,
alles was Glaube heißt zu vertilgen, alle Furcht Gottes aus den Herzen der Menschen zu reissen, alle Com-
munication zwischen dem Himmel und der Erde ab-
zuschneiden, der große Plan ihrer Aufklärung sey.
Die Bosheit setzt ihren Vorschriften keine Gränzen:
immer arbeitet sie thätig fort; ihr Endzweck ist, sich
der Herzen der Menschen und ihrer Denkart zu be-
meistern, und jeder Seele das Gefühl der göttlichen
Offenbarung zu entziehen. Ihr unruhiger Geist, un-
ternehmend und Feind aller Abhänglichkeit, kennt keinen andern Zweck, als alle politische Constitutionen
übern Haufen werfen, und ihre Wünsche werden so
lange nicht erfüllt seyn, als bis alle executive und le-
gislative Gewalt in den Händen der Menge ist. Denn
wenn sie die Ungleichheit des Ranges und der Stände
geschwächt, die Majestät der Fürsten erniedrigt, und
ihre eingeschränkte Macht den Launen einer blinden

Menge Volks unterworfen haben; denn, wenn eine
allgemeine Anarchie und das von selber abhangende
Uebel die Länder in Feßeln legt, dann werden aus
der Verwirrung und Unordnung diese vermeinte Philosophen ihre Vortheile ziehen, und dem Volk zuru-
fen: Wir, die wir allein im Stande sind, euch aufzuklären, sind allein im Stande, euch zu regieren.
„So ist die Lage der falschen Aufklärer, ihr Fürsten!
in unsern Tagen beschaffen. O legt diese Schrift nicht
aus euren Händen, bis ihr selbst hierüber nachgedacht
und euch von der Wahrheit der Sache überzeugt habt;
zählt diese Schrift nicht unter die unbedeutenden Brochüren unserer Zeit, und glaubt nicht, daß es das
Product einer melancholischen Seele sey; es ist das
Werk eines genauen Beobachters, der sichere und zu-
verläßige Nachrichten sammlete; eines Beobachters,
dem die Menschheit theuer, und die Rechte seiner
Fürsten noch heilig sind. Legt diese Schrift nicht aus
euren Händen, ohne ihren ganzen Inhalt zu durch-
denken; vielleicht spricht niemand mehr mit dieser
Freyheit und Wärme mit euch; ihr wißt und kennt
selbst die Menschen: heut hangen sie an euch, morgen
können sie an andern hangen. —

„Ich weiß es wohl, man wird euch bald über
diese Schrift zu zerstreuen suchen, und wenn sie ja
einen Eindruck auf euch gemacht hat, diesen Eindruck
wieder auszulöschen bemüht seyn; man wird euch vor-
sagen, daß die Sache nicht so arg sey, daß eine er-
hizte Einbildungskraft Hirngespinste an Orten finde,
wo keine Gefahren sind, und wenn auch etwas an der
Sache wäre, so sey sich nicht viel darum zu beküm-

mern. Solche und dergleichen Reden wird man an
euch thun.

„O ich bitte euch, laßt euch nicht mit kahlen
Worten beruhigen, nicht die Eindrücke wieder aus=
löschen, die vielleicht auf eure Seele gemacht worden
sind, laßt euch den Gedanken, auf eurer Hut zu seyn,
nicht wieder abtändeln: legt euch nicht sorgenlos nie=
der, um auf Rosenbetten zu schlummern: denn es
könnte euch zu spät das Gerassel der Ketten erwecken,
die eurer Freyheit drohen. Wenn es je einer wagt,
euch unter die Augen zu treten, um euch zu sagen,
hinter der Sache sey nichts, so sehet ihn starr ins
Gesicht, verräth sein Blick Aufrichtigkeit oder Tücke;
Verstand oder Dummheit, oder ist er vielleicht selbst
ein Miethling der Verschwornen, der euch den Becher
mit dem Zaubertrank reicht, um eure Sinne in einem
tödtlichen Schlummer zu halten. Hinter der Sache sey
nichts! Im Jahr 1770 wurde fast eben so in diesem
Tone in Frankreich gesprochen, und die künftigen Zu=
fälle vorgesagt; aber man antwortete: hinter der
Sache sey nichts: und doch war es etwas, ein etwas,
das sich nicht vermuthen ließ; das man nicht vermu=
then wollte, müßt ihr sagen; denn die Folge ist
nothwendig, und wer die Kräfte kennt, kennt ihre
Wirkungen u. s. w.

XIII.

Wiener Zeitschrift von 1792 — 1793.

Mit dem Anfang des Jahrs 1792 gab Herr Professor Hoffmann, auf Verlangen des höchstseligen Kaiser Leopolds (S. dessen höchstwichtige Erinnerungen zur rechten Zeit, 8. Wien 1795. bey Rehm S. 289 u. f.) die Wiener Zeitschrift heraus, deren Absicht, wie gleich fornen unverholen angegeben wurde, dahin gieng, dem jetzigen allgemeinen Freyheitstaumel und den übrigen Früchten einer zügellosen Aufklärung, welche durch eine Horde von Schriftstellern und durch geheime Orden verbreitet werde, entgegen zu arbeiten. Unter diesen wurden gleich in dem ersten Heft No. 9. auch die Illuminaten genennt; ihren Grundsätzen wurden die jetzigen Gährungen, und die so sehr verbreitete Sitten = und Religionslosigkeit zugeschrieben, und zugleich bemerklich gemacht, daß sogar Staatsmänner und Gelehrte geheime Mitglieder einer Secte seyen, welche den bewiesenen Zweck habe, alle Monarchien, der Erde über den Haufen zu werfen.

In dem vierten Heft waren unter N. 2. in einer von Herrn von Bonin eingesandten Abhandlung über die französische Revolution, die Gespräche über Gallicismen und Germanismen angeführt worden, bey welcher Gelegenheit der Herausgeber erinnert, daß diese und mehrere Schriften des nemlichen Verfassers, als die Fragmente der Geschichte und Meinungen eines Menschensohns, die Materialien zur Geschichte des Sokratismus, die Weltbauern zu Tollmannshausen

(von diesen dreyen S. Beleg VIII.) meines Vaters
Hauschronika, und endlich ein Büchlein zur Beförderung einfältiger Lebensweisheit, von den Demagogen
der deutschen Aufklärer-Propaganda so unterdrückt
worden, daß man sie, ob sie gleich noch nicht alt
seyen, (sie kamen 1787—1790 heraus) fast nirgends
in den Buchläden finde. Hierauf wird hinzugesetzt:
„Hat es ja doch fast den Anschein, als wüßte man
sogar die Verleger nützlicher Schriften zu entschädigen,
damit sie nur diese Schriften außer Curs setzen, und
in die Makulatur werfen, um dagegen andre Aufruhrs-
schriften desto ungehinderter verbreiten zu können.‟

In dem nemlichen Heft kommt unter N. 6. ein
Artickel vor: Rüge des auffallenden Revolutionstons
einiger deutschen Zeitungen, woraus folgende Stelle
hieher gehört: „Man bemerkt seit einiger Zeit unter den Schriftstellern, seyen es Weltreformations-
Ordens-Verbindungen, oder seyen es andre Trieb-
federn, eine förmliche Coalition, eine gemeinschaftliche
und auffallende Verbrüderung, die Lehrsätze der französischen Revolution zu verbreiten, sie mit Lobsprüchen zu überhäufen, ihre Mängel und Gebrechen zu
beschönigen oder zu verschweigen, und gegen alle die
zu Felde zu ziehen, und alle diejenigen Schriften und
Urtheile zu verunglimpfen, und die Meynungen des
Publicums gegen sie einzunehmen, die es wagen, die
Greuel des Zustandes Frankreichs aufzudecken, und die
Menschen ohne Schminke auf die schrecklichen am
Tage liegenden Folgen aufmerksam zu machen.‟

Im sechsten Heft No. 5. Ein Wort der Beher-
zigung, sonderlich an die Verweser (Reichs-Vicarien

während des Interregnums nach K. Leopolds Tod)
Fürsten und Stände des neu-verwaiseten deutschen
Reichs gerichtet. Daselbst heißt es S. 307. „Es ist
Thatsache, daß ein Einverständniß unter einem Theil
der deutschen Schriftsteller herrscht, dessen Zweck ist:
1) die französische Revolution zu loben und zu beschönigen; 2) die deutsche Constitution zu persifliren —
sonderlich aber alles verdächtig zu machen, und zu
verkleinern, was ein deutscher Fürst und ein deutsche
Obrigkeit vorzüglich zur Erhaltung der guten Ordnung
thut; 3) alle Schriften zu verunglimpfen und ohne
Gnade zu verfolgen, welche wider ihre Parthey sind;
4) der Stimme der Wohlgesinnten zu überschreyen,
damit das Volk blos die ihrige höre, zuletzt übertäubt
und stutzig werde, und endlich ausschlage.“

Im Neunten Heft No. 5. Etwas über litterarische
Seelenverkäuferey S. 317. “Es ist mehrmalen in
der Wiener Zeitschrift dem deutschen Publicum erin-
nerlich gemacht worden, daß ganz augenscheinliche
litterarische sowohl, als politische Coalitionen und Factionen vorhanden sind, welche das Monopolium des
Denkens und Wissens, der Grundsätze und Meynungen des Lesens und Nichtlesens deutscher Schriften zu
behaupten, sich alle nur immer erdenkliche Mühe kosten
lassen. Unter die auffallendsten Thatsachen, wodurch diese
Rottirer sich characterisiren, und bey Sachkundigen
ganz unverkennbar verrathen, gehören die zahllose
Ränke und Kniffe, durch welche sie alle jene Schriften
zu unterdrücken, und der deutschen Lesewelt völlig
von den Augen wegzustehlen suchen, in welchen ihre
schlechten Grundsätze bestritten, ihre geheimen Plane

entdeckt, ihreThorheiten in die gebührende Lächerlich-
keit gesetzt, und ihre Personen selbst zur lehrreichen
Beaugenscheinigung dargestellt werden. Wo sie jedoch
mit dem Stehlen und Verheimlichen solcher Schriften
nicht ganz durchzukommen fürchten, da bieten sie alle
Trompeten und Posaunen der Recensentenchöre auf,
um mit den abscheulichsten Lästerungen und Verächt-
lichkeiten solche Schriften um allen Kredit und allen
Beyfall der Lesewelt zu bringen."

Im eilften Heft No. 4. über einige schon
vorhandne und noch bevorstehende Folgen der Katho-
lisch = Protestantischen Religions = Fegerey S. 17.
„ Jeder denkende Katholick, der so billig und tolerant ist, der protestantischen Konfession gern ihre reine
und ursprüngliche Existenz in der Welt zu gönnen,
und sich um diese Existenz sogar zu interessiren, muß
mit großer Verwunderung wahrnehmen, daß das in
Preussen statuirte Religions=Edict, und die ganze dor-
tige protestantische Kirchen=Regulirung in andern
deutschen protestantischen Ländern nicht die mindeste
Theilnahme und Mitwürkung zu dem nemlichen Zweck
erregt hat. — So geheimnißvoll, dächt ich, haben doch
die protestantischen Religionsfeger ihr Wesen nicht getrieben, daß, wenn nicht die Höfe und Minister,
doch wenigstens die Konsistorien, die alten Prediger,
und überhaupt die ächten nach dem reinen Sinn der
Augsburgischen Konfession treuherzig glaubenden Protestanten sollten wahrgenommen haben, wie diese Konfession eine schon ziemlich geraume Zeit her, verschnit-
ten, verbessert, verschlimmert, erklärt und verwirrt
worden ist, so zwar, daß, wenn es im ganzen Prote-

stanthum nach dem Sinn und den Reformationsan-
schlägen der besagten Glaubensfeger gegangen wäre,
von der sämtlichen protestantischen Orthodoxie kein
Buchstaben übrig geblieben, sondern eine ganz neue,
naturalistisch=deistische Konfession daraus geworden
seyn müste.

„Wir Katholicken haben dies schon lange bemerkt: denn man hat es uns absichtlich bemerken gemacht, dadurch nemlich, daß man jene naturalistisch-
deistische Religionsausbesserey uns selbst gefällig zu
machen, und durch tausenderley Kunstgriffe aufzudrin-
gen suchte. — Durch die Bemühungen jener Glaubensfeger ist nicht minder der katholischen Dogmatick, Symbolick und der ganzen katholischen Kirchenform der
Deismus untergeschoben und eingeimpft worden, wie
der protestantischen. Die ächten Katholicken und die
ächten Protestanten sind in ihren Lehrbegriffen weit
verschieden. Aber die Aufklärer und Religions=Aus-
besserer von beyden Seiten sind einig unter sich; das
heißt, sie sind nicht Katholicken und nicht Protestanten,
ihr gemeinschaftliches System ist naturalistischer Deismus, und alle Symbolick und alle kirchliche Form
werfen sie weg als unnütze Zierrathen, und als einen
verhaßten Zwang ihrer freyen Untersuchung und ihrer
unkirchlichen Aufklärerey. —

„Alle Tage seht ihr neue Bücher und Büchlein
in allen Gestalten erscheinen, Romane, Metaphysicken,
erbauliche Betrachtungen, Gebetbücher, Fragmente,
Lebensbeschreibungen, Predigten, biblische Geschichten,
Recensionen, Streitschriften, Kinderbibliothecken,
Reisebeschreibuugen, Erziehungsschriften, Volcksle-

genten, und wer weiß, wie alle die Zehntausend Mode-
tittel weiter heissen; und worinn fast durchaus die
geheime Absicht zum Grunde liegt die Religionsbegriffe
für jeden Stand, jedes Alter, und jedes Geschlecht
so auf= und abzuklären, daß allmählig die ganze Autorität der Offenbarung ins Schwanken gebracht, und
alle vormalige Vorstellungen von seinem Kirchensystem
wie ein leichter Morgen = Nebel zerstäubt werden
sollen. " —

Im zweyten Jahrgang von 1793. im fünften
Stück No. 7 wird erzählt, wie ein geheimer Orden
ein Buch unter dem Titel; der katholische Christ im
Gebete, weil sich der Autor einmal Gesprächsweise
gegen geheime Orden überhaupt erklärt hatte, zu verschreyen gesucht, und einen und den andern Buchhändler wirklich bewogen habe, dieses Buch gar nicht
zu führen; wobey der Herausgeber S. 231. folgende
Anmerkung hinzufügt:

„Das Gebetbuch darf sich über diesen politischen
Kniff eben nicht zu sehr beklagen; denn sehr viele
andere Bücher, und zufälligerweise gerade die nützlich-
sten, lehrreichsten, den Zeitbedürfnissen am allermei-
sten angemessenen, erfahren seit längerer Zeit weit in
Deutschland herum das gleiche Schicksal. Die Sache
ist begreiflich. Die Leipziger Messe steht ja unter der
mächtigen Regierung der Aufklärer und philanthropi-
schen Schulbuchhandlungen; und ein gar nahmhafter
Theil deutscher Buchhändler rechnet es sich zu einer
sehr aufgeklärten Ehre, sich und ihr Gewerb allmählig
zu ruiniren, damit ja nur keine Schriften in Umlauf
gebracht werden, als welche der Aufklärerbund überall

gelesen und verbreitet haben will. Die Folgen werden schon in einigen Jahren für den ganzen Buchhandel nicht die erfreulichsten seyn. " —

Im sechsten Stück No. 1. S. 287. „ Kein Auf-
geklärter darf die Aufklärerey in schlimmen Ruf kommen lassen. Alle stehen da für Einen, und Einer für
Alle. Sage du jedem, der dir widersteht, er sey ein
Dummkopf, ein Apostel der Finsterniß, ein Antipode
der Aufklärerey; dies würckt nach Umständen mehr,
als wenn du ihn einen Straßenräuber schimpftest. Du
bist eben schon durch dieses Schimpfen ein Aufgeklär-
ter; du vertheidigst die Sache, und verdienst, daß dich
der ganze Bund in allen deinen Nöthen mit brüder-
licher Verläumdung treu secundiren muß! " —

S. 333. „Die Fürsten der Erde, die so wie (der
inzwischen verstorbene Kaiser) Leopold das Wohl ihrer
Völker zu befördern wünschen, müssen jezt gemeinschaftlich sich die Hände bieten, um dieses hyderartige
Ungeheuer der falschen Aufklärung in Feßeln zu werfen. Leopolds heiliger Schatten ruft ihnen zu, ein
Werk zu vollenden, das er entwarf, und an dessen
Ausführung ein Tod ihn hinderte, worüber die
Menschheit und die Tugend in Thränen zerfließt. Sie,
die Fürsten der Erde müssen an Leopolds Statt jezt
die gemeinschaftlichen Schutzgötter jener Parthey werden, welche sich zu ihrer einstlichen Bestimmung gemacht hat, Religion und Christenthum, ächte Moral,
wahre Menschenliebe, reine Sitten, und die Weisheit einer durch Tugend geleiteten Vernunft unter den
Menschen auszubreiten und zu befördern. Versagen
sie diesen ausgezeichneten Schutz, ohne welchen doch

nichts entscheidendes gethan werden kann, so ist es
die Schuld dieser Parthey nicht, wenn sie endlich kraft=
los darnieder sinkt, und das ganze Feld denjenigen
überläßt, die bis jezt ohnehin die schon weit stärkern ge=
wesen sind, und die es selbst laut bekennen, daß ihr
Zweck ist: als die ausschließlich gesezgebende Gewalt
fürs künftig die Regierung der Völker zu verwalten."

Man kann leicht denken, daß der ganze große
Bund seinen Grundsätzen gemäß (S. Beleg VII.)
nichts unterlassen haben werde, sowohl die Wiener
Zeitschrift, als auch die Person des Herausgebers durch
alle mögliche Verläumdungen und Lästerungen zu ver=
schreyen. Dieses thaten nicht allein einige Hauptper=
sonen selbst, sondern auch alle ihre litterarische Bey=
läufer und der ganze Troß des streitbaren Heeres,
unter denen sicherlich manche waren, welche die Zeit=
schrift blos vom Hörensagen kannten und mit keinem
Auge gesehen hatten. Denn es war auch dafür gesorgt
worden, daß dieselbe sehr schwer und an manchen
Orten gar nicht zu bekommen war. Wenn man alle
die ungerechten Urtheile, welche bey jeder Gelegenheit
und oft ohne alle Veranlassung von derselben gefällt
worden, und welche man für Urtheile des Publicums,
das doch die Zeitschrift wenig gesehen hatte, ausgab,
sammeln wollte, so würde daraus ein ziemlich starkes
Buch entstehen. Hr. Prof. Hofmann wußte bereits
im 3. Stück des ersten Jahrgangs, daß eine gewisse
Gesellschaft schon alle ihnen geläufige Maasregeln ge=
nommen hatte, ihn und seine Schrift allenthalben
verhaßt und verächtlich zu machen; und wie sie es da=

mals angefangen hat, so hat sie es fortgesetzt, bis
endlich der herzhafte Mann ermüdet und bewogen wurde,
die Zeitschrift mit dem sechsten Heft des zweyten Jahrgangs und also mitten in dem Jahr zu schließen, worüber man seine eigne Erzählung in diesem Heft, wie
auch in seinen so betittelten: Höchstwichtigen Erinnerungen zur rechten Zeit über einige der allerernsthafte-
sten Angelegenheiten dieses Zeitalters — als erster Nachtrag der Wiener Zeitschrift z. Wien bey Rehm 1795.
S. 289 u. f. nachsehen kann.

Unter so manchen Kunstgriffen hat man auch den
gebraucht, vorzugeben, er suche die Unterthanen dem
Landesherrn als verdächtig abzuschildern, und den
Saamen des Mißtrauens, der Zwietracht und innerli-
cher Unruhen auszustreuen, ob es gleich das gerade
Gegentheil von dem war, was er that: denn er warnte
für Leuten, die diese Absichten hatten, und nachtheilige Grundsätze unter allerley Classen des Volks zu
bringen suchten. Aber gerade diese Warnung war in
den Augen der Leute, die in ihren Operationen nicht
gestört seyn wollten, das Verbrechen. Denn diese
Dinge hatte er mehr und nachdrücklicher aufgedeckt,
als irgend ein anderer Schriftsteller vor ihm. Er erzählte Thatsachen, die den Herren nicht gefallen konnten, und seine Correspondenten nennten verschiedne
derselben mit Nahmen, und sie konnten wohl merken, daß er noch mehr, als er schon gesagt hatte,
wissen, und mit der Zeit auch heraussagen möchte.
Kayser Leopold unterstützte ihn, das wußte man; der
König in Preußen hatte günstig von der Zeitschrift
geurtheilt, und zwey Cabinetsschreiben an Hoffmann

abgelaffen. Es blieb alfo nichts mehr übrig, als das
Calumniare audacter, das gar fo weit getrieben wurde,
daß das Schleßwiger Journal wegen der gedachten
Unterftüßung auf den inzwifchen verftorbnen Kayfer
Leopold grobe Ausfälle that, und die Jenaifche allge-
meine Litteratur = Zeitung ohne weiters behauptete,
Hoffmann habe den Beyfall einiger Fürften, womit
vorzüglich der König in Preußen gemeint ift, zu er-
fchleichen gewußt. (S. höchftwichtige Erinnerungen,
Seite 286. 303.)

XIV.

Wiener Magazin der Kunft und Litteratur
1793, 1794.

Zu Anfang des Jahrs 1793 erfchien eine andere
Monatsfchrift ebenfalls in Wien unter dem Titel:
Magazin der Kunft und der Litteratur, in welchem
fich nicht wenige hiehergehörige Stellen befinden, wovon jedoch nur einige mitgetheilt werden können.

Im Auguftftück 1793. heißt es S. 165. „Die
Schriften und Skartefen, worinn die Religion und die
Fürften von der lächerlichften oder gehäßigften Seite
gezeigt werden, find meiftens in den Händen des Vol-
kes, und allem Anfehen nach in der Abficht gefchrie-
ben, vorzüglich das Volk über religiöfe und bürgerliche Ordnung aufzuklären. Ihre Aufklärung geht fo
weit, daß alle Religion zum Aberglauben, und alle
Könige zu Tyrannen abgewürdigt werden. Diefe
Grund-

Grundſätze, bald die einen, bald die andern, werden
in Romanen und ſelbſt in Theaterſtücken ſo oft, einmal weißlich verſteckt, ein andermal ziemlich offenbar
wiederholt, daß die erwartete Wirkung in die Länge
nicht fehlen kann. Es iſt wahr, daß man ſich in Anſehung der bürgerlichen Ordnung noch vor dem franzöſiſchen Aufruhr dieſes nicht erlaubt hat. Man ſchonte
diejenigen, vor denen man ſich zu fürchten hatte, und
wetzte ſich vorzüglich an der Religion, vor der man
ſich ſicher dünkte. Aber kaum iſt gegen Weſten die
Flamme des Aufruhrs hoch aufgelodert, da faßte man
Muth, auch zu dem zweyten Theile der Aufklärung
ſich öffentlich zu bekennen. Noch vor kurzem klärte
man die Fürſten auf, ihre Rechte gegen alle Eingriffe
und Anmaßungen zu bewahren. Jezt wollte man das
Volk aufklären, die heiligen Rechte allen Fürſten abzunehmen, und auf die ehrſame Brüderſchaft der Ja-
kobiner zu übertragen.

In dem Septemberſtück S. 323. u. f. kommen
unter der Rubrick: Sittenverderbniß, verſchiedne wichtige Nachrichten und Bemerkungen über die Univerſitäten, ſonderlich die proteſtantiſchen vor. Unter andern
wünſcht der Verfaſſer, daß man nicht blos auf die
Studenten — ſondern auf alle geheime Orden, wie
auch auf die Univerſitäten mehr Aufmerkſamkeit wen-
den möchte, und ſezt hinzu:

„Allein wenn man nicht zugleich und auf allen
hohen Schulen auf einmal, damit keine ein beſchützter
Schlupfwinkel der Verführer bleibe, der Untrüglichkeit der theologiſchen und metaphyſiſchen, ja der ganzen ſogenannten philoſophiſchen Kaſte der Lehrer zuerſt

und vor allen Dingen einen Maulkorb anlegt, wenn man sie lehren und schreiben läßt, was sie wollen, so ist alles vergebliche Arbeit! Sie und ihre leidige Celebrität, die blos auf Paradoxie = Kram und auf insolenten Schwänken beruht, ihre Unabhängigkeits= sucht, ihr philosophischer, politischer Bonzismus, ihr cynischer Charlatanismus, ist die wahre alleinige Ur= sache aller Albernheiten der academischen Ohnehosigten, des Studenten = Trosses, der ihnen blind folgt, wie die Sansculottes ihren Marats, und wie weiland die Bauern ihrem Thomas Münzer. "—

„So lange die Fürsten Deutschlandes noch nicht auf das lebendigste fühlen, wie viel Tort sie ihrer eignen Gesetzgeberwürde thun, wenn sie dulden, daß Schmierer und Schreyer, Genannte und Ungenannte, ihrer Mitstände Gesetze (es war im Vorhergehenden die Rede von Schriften gegen das königl. Preußische Religions Edikt.) lächerlich machen, und frech durch= hecheln; so lange müssen wir noch befürchten, daß das= jenige einmal in Deutschland realisirt werde, was Weishaupt schon längst unternommen hatte: die Für= sten werden darum für entbehrlich ausgegeben, weil sie nicht dafür sorgen, daß die Charlatans entbehrlich ge= macht werden.

Im Octoberstück 1793 unter der Rubrick: Deutsch= lands Völker an Deutschlands gute Fürsten S. 62. u. f. aus den Anmerkungen.

„Wem ist eine Menge von Schriften und Schrift= lein unbekannt, in welchen zum Hohn und Spott der Staatsaufsicht die christliche Religion geschändet und verdreht, die Afterphilosophie bis in den Himmel er=

hoben, die Fürsten und ihre Regierung durchgezogen,
und der Gallicanische Freyheitsschwindel entschuldigt,
gepriesen, besungen, und gar zur Nachahmung empfohlen wird. — Ehe wird dem Unwesen nicht abge-
holfen, als bis den Vergiftungen des Publicums durch
Einschränkung der bandenlosen Preßfreyheit und den
heimlichen Cabálen durch Aufhebung der dem Staat
und der Religion so höchstgefährlichen geheimen Gesellschaften ein Ziel gesetzt ist. —

„ Es ist vor Gott und der Nation nicht zu verantworten, wie der Lehrstuhl von den Vorstehern der
gelehrten Classe gemißbraucht wird: denn der Staat
erfährt nicht, was sie lehren, diese moralischen Gift-
mischer. — Fürsten Deutschlands, sollen diejenigen,
die eure künftigen Minister, Räthe, Volkslehrer,
Beamte u. s. w. bilden, die einzigen seyn, die einer
genauen Polizey-Aufsicht nicht unterworfen sind, und
ungestraft und unbemerkt ganze Generationen verderben können? —

Toleranz, Freyheit der Gedanken, Gewissens-
freyheit war das ewige Lied, das unsre Aufklärer auf
allen Gassen und Plätzen, wie die Bänckelsänger, an-
stimmten, und dabey mit dem Stabe in der Hand,
auf die gräulichen Mordscenen im Holzschnitt hinwie-
sen, die noch je durch Intoleranz sollten ausgeübt
seyn, von der Einführung der Inquisition an, bis
auf Calas Hinrichtung. Der ewige Singsang erreichte
seinen Zweck, die Toleranz ward allgemein, und nun
offenbarte sich, daß diese Herren, wie der Verfasser
der Materialien zur Geschichte des Socratismus S. 257
sagt, die Toleranz, die ungebundenste Freyheit nur

für sich reclamirten: aber gegen andre die ärgsten In-
toleranten sind. Sie, die bisher nur aus Gnade Ge-
duldeten fielen nun mit beyspielloser Wuth die Katholicken an, verhöhnten und beschimpften sie, und wollten wider alle Reichsgesetze ihnen die Duldung abge-
sprochen wissen. Mit eben solcher Wuth fielen sie,
den Friedensschlüßen zuwider, die noch ihren Glaubens-
büchern treuen Protestanten an, und scheuten sich sogar nicht, den Monarchen öffentlich einen Tyrannen
zu heissen, der bey aller Toleranz nur nicht zulassen
wollte, daß die Volkslehrer ihre Gemeinden betrügen,
und ihnen andre Lehren unterschieben dürften. (Dieses geschah ganz unverholen im IX. Heft des
deutschen Zuschauers, wo auch der Minister, welcher
das Religions-Edickt, wie man glaubte, bewirkt haben sollte, ein landesverrätherischer Bösewicht genennt
wurde. S. Fragmente zur Biographie des verstorbnen geheimen Raths Bode S. 20.

Die Fürsten als aufgeklärte Regenten in Broschüren und Zeitungen lobpreisen, wenn sie dem Willen
und den Absichten der Auffklärer sich fügen, oder sie
frey ihr Wesen treiben lassen; das ist es, womit man
sie zu kirren, die Fürsten als intolerant, unaufge-
klärt, und als Despoten verschreyen; das ist's, womit
man sie zu schrecken sucht, nichts wider diese Welterleuchter zu unternehmen. Fragt doch zuerst, ehe ihr
auf Lob und Tadel achtet, wer ihn ausspendet. Es
sind eben diese Tempel- und Thronenstürmer, die das
Monopol der Zeitungen und Journale, vom Buch-
händlercomplott unterstützt, an sich gerissen haben.
Zieht sie aus ihren dunkeln Winkeln aus Tageslicht,

die thätigen Handlungen der philosophischen Conju=
ration; und ihr werdet mit dem Dichter sagen: Eh'
ich von euch mich loben hörte, möcht' ich gescholten
seyn.

Im Februarstück 1794. heißt es S. 251. „ Ergreifen die Regenten und die Vorsteher der Kirche
nicht die weisesten, zweckmäßigsten und nachdrücklich=
sten Maasregeln, um dem Fortgang des Verderbens
zu steuern, und die Quelle, aus welcher dasselbe sich
ergießt, zu verstopfen; so ist wirklich eine allgemeine
und der Religion und dem Staat nachtheilige Um=
wälzung zu besorgen. Der bisherige Gang der Litte=
ratur, wie und worüber man die Welt aufzuklären
sucht, müste sie schon herbeyführen.   Denn es liegt
in der Litteratur eine viel größere Allgewalt, als in
den Händen der Monarchen, da sie es ist, welche die
Meynungen des Volks beherrscht, es bildet und formt,
wie sie will; wovon dann alles übrige abhängt. Ich
bin aber außerdem fest überzeugt, daß eine förmliche
Faction sich gebildet hat, deren rastloses und alle
Schwingfedern in Bewegung setzendes Bestreben auf
eine solche Umwälzung hingerichtet ist, und den na=
türlichen, unsern Aufklärern aber noch viel zu lang=
samen Gang, wenn gleich Riesenschritte (schon) ge=
macht sind, noch zu beschleunigen sucht. “

Dieses Journal hat manche Bedrängnisse, sogar
von Seiten der Censur selbst erfahren müssen, ob=
gleich diese manche andre bedenkliche Aufsätze in der
sobetittelten Oesterreichischen Monatsschrift hat durch=
gehen lassen; und wenn nicht seine kaiserliche Maje=

stät Allerhöchstselbst sich dessen nicht etlichemal angenommen hätte, so würde es gar bald haben aufhören
müssen.

XV.

Revolutions = Almanach, fliegende Blätter und politisches Journal von 1793 u. 1794.

Auch in einigen andern periodischen Blättern wird
des großen litterarischen Bundes gedacht.

In dem Revolutions = Almanach von 1794. 8.
Göttingen bey Dietrich wird geklagt, daß man dem ersten Jahrgang von 1793. sogar die bloße Bekanntma-
chung in mehrern öffentlichen Blättern verweigert
habe; und daß es jetzt weit leichter sey, für als wider
die Revolution zu schreiben.

S. 350. ,,Unsre Aufklärung ist ein Anfang der
Wildheit; und diese Aufklärung ist anjezt der höchste
Entzweck des großen Bundes, welcher Religion und
Fürsten entbehrlich machen will; das Treiben und
Streben der allgemeinen Föderation unserer meisten
deutschen Journale, Monatsschriften und gelehrten
Zeitungen, unsrer schlauen Volksredner, Volksschrift-
steller, Volksfreunde, Volkslehrer, Volksschulmeister
und Philanthropen, und ihrer unbekannt seyn wollen-
den Obern der deutschen Gelehrten = Republick. ''

S. 210. ,,Es ist ein abgenußter Kunstgriff, den
die deutschen Revolutions = Freunde brauchen, und mit
Nußen brauchen, ungeachtet er keinen Menschen blen-

den sollte, nemlich, wenn sie das Gift ausstreuen, um
es straflos und ungestört thun zu dörfen, sich jederzeit
durch einen Bückling gegen die Constitution und Verfassung des Staats verwahren, in dessen Schutz und
Land sie schreiben, und dessen Grundfeste sie untergraben. "

In den fliegenden Blättern im Monat Jänner
1794. wird ein Auszug aus den Reisen des Engländ-
ders, Arthur Youngs durch Frankreich von 1789, und
unter mehrern eine Stelle desselben mitgetheilt, wo
er von der Menge der empörenden Schriften redet,
deren damals auf manchen Tag wohl 16 erschienen,
und sich wundert, daß die Regierung sie nicht gehindert habe. Der Verfasser dieses Auszugs sezt hierauf
hinzu: "Wenn Young sich darüber wunderte, was
wird er jezt (1794) zu dem Betragen so vieler Gou-
vernements sagen, die nach einem so frischen und so
warnenden Beyspiel, wie Frankreich aufstellt, demungeachtet gelassen zusehen, wie unter ihren Augen
Schriftsteller und Redner das Volk in seiner Unter-
than n = Treue wankend gemacht, und zur Nachahmung jenes Systems aufgefordert wird?" "So geht
es bey Revolutionen, sagt Young selbst S. 88. Ein
Schurke schreibt, und Hundert-Tausend Narren
glauben. "

Im Februar S. 158. wird die vortrefliche Schrift des
Hrn. geh. Kanzley=Secretair Brandes über einige bisherige Folgen der französischen Revolution in Rücksicht
auf Deutschland ausführlich angezeigt, und gleich anfänglich bemerkt, es sey ein gewöhnlicher Kunstgriff der Revo-

lutionaire, daß sie die Bemühungen einzelner leider! weniger deutscher Patrioten unter den Schriftstellern, welche ihre Mitbrüder über den wahren Gehalt und Sinn des französischen Systems der Umwälzung belehren wollten, dadurch zu vergiften und verdächtig zu machen suchten, daß sie solche als Miethlinge, als besoldete oder bestochene Lobredner der Fürsten ausschreyen; wie dem würdigen Mann auch begegnet ist, worauf er aber in der zweiten Auflage geantwortet hat.

Eben dieses ist noch neuerlich in dem Auszug eines Briefs die Illuminaten betreffend 8. Leipzig, bey Schäffer 1794. von dem Freyherrn von Knigge geschehen, wo er die Leute, die nicht wie er über das Revolutionswesen denkt, Schmeichler und Verfinsterer und feile Schriftsteller nennt. S. 32.

In eben dem Februarstück befindet sich S. 171. u. f. ein Schreiben an einen kaiserlich = königlichen Minister, geschrieben im December 1793. wo unter me. rern folgende merkwürdige Stellen vorkommen.

„ Werfen doch Euer Durchlaucht ihre Augen auf das ungeheure Verzeichniß aller unsrer deutschen Journale und Zeitschriften, von welchen ich nicht vier anführen kann, die nicht mehr oder weniger von dem Gift enthalten, wodurch anizt einige deutsche Gelehrten allmählig das Herz des Volks zu verpesten und seinem rechtmäßigen Landesherrn abwendig zu machen suchen, indem sie nie anderst von ihren Beherrschern sprechen, als wie von Despoten und Tyrannen. Ich könnte aber Euer Durchlaucht mehrere deutsche Journale nennen, die gar keinen andern Zweck haben, als Aufruhr zu erregen.

Sodann scheint in Deutschland eine wahre Offen=
siv= und Defensiv=Allianz zwischen den Verfassern und
Beschützern dieser mordbrennerischen Schriften gegen
die wenigen Biedermänner zu bestehen, die es bisher
gewagt haben, ihre Stimme gegen ein solches Aerger=
niß zu erheben, und die man durch diese vielköpfigte
Allianz zum Stillschweigen zu bringen sucht. —

„Unmöglich ist es mir, die Gründe einzusehen,
welche unsre Fürsten und Minister bewegen, diese
verderbliche Licenz zu dulden — Beredet man etwa
unsre Fürsten und Minister, oder bereden sie sich selbst
das Uebel sey nicht groß genug, um ihre Aufmerksam=
keit zu verdienen? — Die Zügellosigkeit der Französi=
schen Schriftsteller hat den Aufruhr vorbereitet, und
eben solche Schriftsteller sind seitdem immer behülflich
gewesen, den Aufruhr zu unterhalten — Warum läßt
man in Deutschland dem Wust von deutschen Aufklä=
rungs= und Aufruhrs=Schriften freyen Lauf, da doch
die einzige Absicht dieser Aufklärer ist, das Volk zu
bethören, und zu Abwerfung und Verspottung des
christlichen Glaubens und aller Pflichten gegen seinen
Landesherren zu verführen? —

S. 175. Wird erzählt, daß das Braunschweigi=
sche Journal auf Verlangen des Preußischen Hofes
verboten, aber darauf unter dem Nahmen des Schles=
wigischen fortgesetzt worden sey. Da die Niedersächsi=
schen Kreisausschreibenden Fürsten zu Koppenhagen
darüber Vorstellungen thaten, so wurde zwar auch
dieses verboten, jedoch sogleich 1794 unter dem
Titel: Der Genius der Zeit gerade wie vorher fortge=
setzt, und sogar zu Altona im deutschen Reich gedruckt;

wie solches auch in dem letzten Stück des Schleswigischen Journals bekannt gemacht worden ist. —

Im Maistück S. 493. „Wahre Aufklärung, das
volle Wissen, alles dessen, was wahr, gut und nütz-
lich ist, kann nie schaden, und wird keine Revolutionen hervorbringen. Wenn aber geheime Verbindungen sich unter einander verabreden, gewisse Grundsätze unter Unbefangnen auf jede Weise auszubreiten,
um auf diesem Wege gewisse Absichten zu erreichen,
und denn diese ihre Bemühungen aufklären nennen:
so müssen sie sich nicht verwundern, wenn redliche
Männer aufstehen, sich solcher Aufklärung mit Eifer
und mit aller Macht zu widersetzen, wenn sie alles
anwenden, solchen Afterphilosophen die Masque vom
Gesichte wegzureissen, und sie in ihrer ganzen häßlichen Blöße darzustellen.

S. 494. Immer wird der elende Kunstgriff gebraucht,
indem man den Regierern (wohlmeynende) Lehren
giebt, damit den Regierten zu sagen, man behandelt
euch übel! immer thun diese Leute so wichtig und be-
denklich mit dem, was sie nicht alles zu sagen hätten,
und lassen glauben, sie hätten unerhört wichtige Dinge
auf dem Herzen, von denen sie schweigen wollen. —

S. 495. „Es giebt keinen Kunstgriff, dessen sich
die falschen Aufklärer nicht bedienten, um sich freye
Hände zu machen, und der beschwerlichen Aufsicht und
öffentlichen Beleuchtung los zu werden, die ihnen so
entgegen ist, und doch, Gottlob! endlich ein wenig
in Deutschland zu erwachen scheint. Sie klagen über
Unbilligkeit und Ungerechtigkeit, über Härte, Verfolgung und Zwang. Sie wollen uns überreden, daß

mit ihnen alle Freyheit von der Erde verschwinden
werde, deren einzige Stütze sie wären, daß ohne sie
alles unter dem schrecklichsten Despotismus ersticken
werde; sie versichern, sie wären nicht einmal im Stande
etwas Uebels zu thun, wenn sie auch die Absicht hätten;
dazu sey ein Schriftsteller (oder vollends so viele, die alle
in ein Horn blaßen?) unvermögend: sie bitten auch
freundlich und demüthig, wo sie glauben, daß ihnen
das etwas helfen könnte; sie streuen Weyrauch und
räuchern mit Komplimenten und Lobpreisungen, wenn
sie glauben, eine schwache und eitle Seele damit zu
gewinnen und ins Netze zu ziehen. —

Schon seit 10 = 12. und mehrern Jahren, S. 496.
schleichen die Aufklärungs = Complotte in Deutschland
wie eine Pest im Finstern. Lange schon dauerten sie
ehe man noch das Ding durchsah, ehe nur irgend ein
redlicher Mann ein Wort dagegen sagte. — Lange hat
man die gottlosen Künste nicht verstanden, nicht ge=
wußt, wohin sie arbeiteten; wer hat wohl begriffen,
warum seit langer Zeit schon, gegen einige verdiente
Männer von allen vier Winden her, aus beynahe
allen Journalen und Zeitungen, nichts als Beleidi=
gungen, Verhöhnungen, Schimpf und Bosheit sprü=
hete, und indessen ergoßen sich aus denselben Canälen
Ströme von Lob und Preis auf einige höchst mittel=
mäßige Scribenten. Aber das Complott ward aufge=
deckt, und nunmehr sieht jeder, der sehen will. Fol=
gendes Gesetz schrieb eine edle Feder für das große
Weltaufklärungs = Complott: „Wenn ein Schriftstel=
ler Sätze lehrt, die nicht in unsern Welt = Erziehungs=
plan paßen: so soll man den Schriftsteller zu gewin=

nen suchen, oder ihn verschreyen! verschreyen!!!
S. neueste Arbeiten des Spartacus und Philo in dem
Illuminaten=Orden, S. 141. Es muß auch dafür ge=
sorgt werden, daß die Schriften unsrer Leute auspo=
saunt! ausposaunt!! werden." S. ebendaselbst.
S. 103. O! du gutmüthiges Publicum, wie wirst du
hintergangen!"

S. 500. unter der Rubrick: Deutsche Buchhänd=
ler=Aristocratie. „Man weiß anjezt allgemein, daß
die von den deutschen Propagantisten so lange geläug=
nete französische Propaganda, nemlich der französische
National=Convent, dreysig Millionen baares Geld
zum Besten auswärtiger guter Freunde in allen Län=
dern verwendet hat, und noch verwendet. Einige
deutsche Buchhändler und sonstige litterarische Entre=
prenneurs haben dann auch dabey, wie man anjezt
an einigen der grösten deutschen Höfe zu wissen glaubt,
ihren kleinen Vortheil. Auch dienen sie dafür ihren
französischen Freunden auf mancherley Art, theils durch
Beförderung der Nichtachtung der christlichen Religion,
theils durch Ausbreitung der Jacobiner=Grundsätze
unter allen möglichen Gestalten, und zumal unter der
jezt beliebten Firma des Moderantismus, und endlich
durch Unterdrückung aller Journale, Zeitungen und
Zeitschriften, die nicht die Carmagnole mittanzen. Ein
Kunsterfahrner versicherte mir daher in der gegenwär=
tigen Leipziger Ostermesse 1794. „So oft ein neues
Journal, das doch immmer mehr durch die Buchhand=
lungen, als durch die Posten verbreitet wird, erscheine,
so oft pflege der Theil, der in diesen Bund eingeweih=
ten Buchhändler das erste, zweite, und auch wohl

dritte Stück dieses neuen Journals, nicht auszugeben, sondern das Daseyn desselben in ihrem Buchladen zu läugnen, bis sie sähen, zu welcher Parthey das neue Journal sich schlage. Sey es der großen Parthey entgegen, so schickten sie es dem Verleger oder Spediteur unter dem Vorwand zurück, daß es kein Mensch verlange, so oft es auch gefordert worden, oder ließen es bis zur nächsten Messe liegen, wo sie es zurückgäben."

Das politische Journal des Königl. Dänischen Etatsraths Hrn. von Schirach gedenkt im 6ten Stück des Jahrgangs von 1794 des litterarischen Bundes ebenfalls: "Schon seit dem Anfang der französischen staatsverderblichen und im Grunde machiavellischen Maximen hat sich S. 472 eine starke litterarische Clique ausgebreitet, und in mehrere Recensions-Büreaux und gelehrte Zeitungen eingenistelt, welche Theils durch Schriften unter allerhand Formen, theils durch Recensionen dieser Schriften, noch mehr aber durch schiefe, falsche Urtheile, und durch Verschreyungen aller solcher Schriften und Bücher, die der egoistisch-demokratischen Clique nachtheilig seyn könnten, ihr Wesen zu treiben, und ihre litterarisch-politischen Absichten nach geheimen für die Ruhe jedes Staats gefährlichen Planen zu erreichen sucht."

Für diese Anzeige werden dann die Theilhaber des Bundes dem Herrn von Schirach nach ihrer Art noch ferner lohnen, wie sie schon gethan, und wozu sie sogar ein eignes Schimpfwort erfunden haben, blos weil derselbe nicht mit ihnen einstimmig handeln, und die französische Revolution nicht auch belobpreisen und zur Nachahmung empfehlen wollte, und da-

gegen manches davon erzählte, was die Herren, die
sich der meisten übrigen Journalen bemächtigt haben,
nicht gerne ins Publicum gebracht haben wollen. Weil
er den Jacobinern das Wort nicht reden will, wie so
viele andre thun, so fängt man nun gar an, ihn als
einen Jacobiner selbst aufzustellen. Dieses geschieht
in folgenden Schriften: Schirach, oder der entlarvte
Jacobiner. Eine für alle deutsche Fürsten Höchstwichtige Entdeckung, gr. 8. Frankfurt und Leipzig im December 1794. 32. S. welches eine verunglückte Satyre
ist, wo der Jacobinismus beynahe aus allen Zeilen
hervorsieht; welches aber ausführlicher zu zeigen, zu
weit von meinem Zweck absteht. Es geschieht noch
gröber in einem neu angefangnen Journal das den
Titel führt: das neue graue Ungeheuer, herausgegeben von einem Freunde der Menschheit, gr. 8. Altona 1795. in welchem nicht bloß der Herr von Schirach
sondern auch manche andre rechtschaffne Männer und
selbst Regenten auf die ungeschliffenste Art behandelt
werden. Vermuthlich ist dieses ein Werk eines rasen-
den Minerval-Knaben, der hierzu von seinen erlauchten Obern Befehl erhalten hat, oder sich wenigstens
dadurch bey ihnen in Gunst setzen will.

XVI.

Schleswiger Journal von 1793.

Das Schleswigische Journal hieß zuvor das Braunschweigische. Als dieses verboten wurde, so bekam dasselbe einen andern Titel, Redacteur und Verlagsort; aber sonst wurde nach der eignen Erklärung desselben nichts abgeändert, wie auch ohnedem der Augenschein lehrt; der Zweck, der Ton und die Mitarbeiter blieben, wie vorher.

In demselben war von dem bekannten Marseiller Marsch eine Uebersetzung mitgetheilt worden, worüber Beschwerden erfolgt seyn müssen. Denn das Journal spricht von einem über diese Uebersetzung gehaltnen Auto da Fe, und theilt eine zweyte Uebersetzung mit wobey es (1793. im Decemberstück S. 516.) folgenden spöttischen Zusatz macht: „Man denke, was daraus entstehen kann! Es wäre möglich, daß diese Carmagnola gesungen würde. Was das für Völkchen, was das für Leutchen, was das für Ohren seyn müssen, denen ein Gesang gefährlich werden kann!“

Höher läßt sich wohl die Unbescheidenheit nicht treiben! Ist es möglich, daß der Urheber dieser Stelle nicht wissen, oder sich einbilden könnte, seine Leser wüßten es nicht, was eben der besagte Marseiller Marsch, und andre solcher Gesänge mehr unter den Franzosen für eine erstaunliche Wirkung gethan, und wie sehr die damit verbundne Musick, welche nach der Versicherung von Kennern ganz besonders dazu geeignet ist, die Leute in Begeisterung gesetzt habe, und

noch täglich setze! Der Verfasser dieses Zusatzes muß
entweder höchst unwissend seyn, oder welches noch
schlimmer wäre, blos eine grobe Unwissenheit affecti=
ren, um unkundige und leichtgläubige Leser zu hinter=
gehen. Denn es ist doch bekannt genug, wie fast alle
Völker, nicht blos Barbaren, alte Deutsche, Gallier,
Scandinavier, heutige Wilden in America, sondern
selbst cultivierte Völker, Lacedemonier und Preußen
(man erinnere sich an Tyrtäus und Gleim!) ihre
Kriegslieder gehabt, und was diese für Würkung ge=
than haben; nichts davon zu sagen, daß auch religiöse
Grundsätze durch Lieder häufig fortgepflanzt worden,
und daß sich selbst Protestanten dieses Mittels, sonder=
lich im Anfang, bedient haben. Dennoch thut der
Autor, als wenn Leute oder Völker, die durch Ge=
sänge verführt werden könnten, gar nicht denkbar
seyn, oder die dümmsten Menschen auf des lieben
Gottes Erdboden seyn müsten. Nein! so ein Volk
kann ein jedes sogar gesittetes Volk seyn, kann selbst das
Dänische Volk, worauf sich das Journal so oft sonst
beruft, seyn, oder wenn mehrere Männer von dem
Schlag dieses Journalisten da sind, und sofort schrei=
ben dürfen, noch werden! Oder sind Revolutionen in
Dännemark nie erhört worden?

Andre unzählige falsche Grundsätze, Sophismen,
Verläumdungen, Kritiken der Anstalten des Kaisers
und Reichs bey gegenwärtigen Zeiten, Ausfälle auf
den höchstseligen Kaiser Leopold übergehe ich, und ge=
denke nur des Abschieds, den dieses Journal im letzten
Stück 1793 von seinen Lesern nahm, als es auf höhern
Betrieb aufhören muste. Derselbe lautet fast eben so,

als

als die Pralerey, womit Silla die Dictatur nieder-
legte, und worinn er seine große Thaten rühmte, und
hinzusezte, daß er sich bewußt sey, niemanden Unrecht
zugefügt zu haben. „ Ich, sagt der Herausgeber,
verlasse ruhig die Bühne, mit der Ueberzeugung, wis-
sentlich niemals eine Pflicht beleidigt zu haben, die
ich der Menschheit schuldig bin. Das Schleswigische
Journal hat das Unglück gehabt, Misdeutungen ausgesetzt zu seyn. Jezt davon zu reden kann nichts mehr
helfen, da es aufhört. Hätten diejenigen, die es
misverstanden, den Hang zur Ruhe und zum Frieden,
den ich zu befördern wünschte, so hätten sie auch das
Journal in Frieden gelassen. Aber Frieden sey mit
den Manen des Journals!"

In Wahrheit ein artiger Friedensstifter, welcher
verlangt, daß Völker und Fürsten ihre bisherige Verfassung aufgeben, und eine andere annehmen sollen,
worinn die leztern, wenn sie ja noch mit dem Leben
davon kommen, gar nichts; die erstern aber die elendesten Sclaven einiger wenigen sich aufgeworfnen hab-
und herrschsüchtigen Repräsentanten seyn würden!
Nicht zu gedenken, daß in dieser Stelle auf die Kreisausschreibenden Fürsten des niedersächsischen Kreises
gezielt wird, auf deren Verlangen schon im Sommer
1793. das Schleswigische Journal im Herzogthum
Hollstein, als einem Reichsland, verboten worden
war, (politisches Journal 1793, 7. St. S. 768.) ob
es gleich dem ungeachtet in Deutschland fort curfirte.
Ihre Bemühungen haben wenig geholfen: denn obgleich der Titel: Schleswigisches Journal aufgehört
hat, so ist es doch selbst ohne weitere Aenderung unter

h

einem andern noch mehr anlockenden Titel: Genius
der Zeit fortgesetzt, und selbst in Altona herausgegeben
worden.

Dergleichen Journale giebt es noch mehrere,
z. E. die Friedenspräliminarien. Auch die Minerva
des Herrn von Archenholz gehört hieher, welche,
ungeachtet der Herausgeber die Segel immer mehr
einzuziehen sucht, doch sehr viele für Könige und
Fürsten ehrenrührige Stellen enthält, die von seinen
auswärtigen Correspondenten, zum Theil selbst von
gebohrnen Deutschen herrührten, und deren Bekannt=
machung man von einem Preußischen Veteran nicht
hätte erwarten sollen; z. E. im Decemberstück von
1792, wo ein angeblicher Correspondent sich schmei=
chelt, noch vor dem Ausgang dieses Jahrhunderts
mehrere Bettelkönige zu sehen, welchen er, wenn ihm
seine Sauerkraut=Fabrick nicht fehlschlägt, Vesper=
kost werde reichen können.

Wollte man alle Journale, insonderheit auch die=
jenigen, worinn einzelne aufrührerische Stellen vor=
kommen, von welchen sogar die wenigsten gelehrte
Zeitungen frey sind; wollte man alle einzelne große
und kleine Schriften, alle unter das Volk ausgestreute
Flugblätter, Lieder u. s. f. anführen; so würde ein
ganzes großes Buch daraus werden.

XVII.

Jung über den Revolutionsgeist 1793.

Herr Professor Jung in Marburg hat über den Revolutionsgeist unserer Zeit zur Belehrung der bürgerlichen Stände, 8. Marburg in der neuen akadem. Buchhandlung 1793. sich auch über das litterarische Unwesen erklärt. S. 6. „Das Wissen blähet auf, und der Grad der Aufklärung, in dem wir uns jezt befinden, mag wohl die nemlichen Eigenschaften haben. Wir besitzen viele Kenntnisse, erstaunlich viele! Alle Wissenschaften sind unläugbar weit vorwärts gerückt; besonders glauben wir, im politischen Fach große Fortschritte gemacht zu haben, jedermann kannegiesert und jedermann dünkt sich geschickt zu seyn, das Staats-Ruder zu führen. Eine Menge Zeitschriften athmet diesen Geist; sie zu schreiben: und sie zu lesen ist Mode geworden: daher kommts dann, daß man, um seine Belesenheit und Kenntnisse zu zeigen, in allen Gesellschaften über Obrigkeiten und Regierungsfehler loszieht und declamirt: man fühlt sich durch diese angemaßte Freyheit gleichsam in höhere Sphären versezt, und sucht in diesem Räsonniren den leidigen Ersatz dafür, daß uns die Vorsehung so unverdienter weise zurückgesezt, und nicht zu Regenten gemacht hat. Eben durch dieses unaufhörliche Reiben der Geister werden sie erhizt, und jemehr ihre Menge zunimmt, destomehr wächst das Sehnen nach Revolutionen.“

S. 56. „Die Preßfreyheit überhaupt und die Publicität insbesondere, sollen die Mittel seyn, wo-

durch man die Regenten und die Dienerschaft zur
Abschaffung der Misbräuche bestimmen will: man ist
der Wohlthätigkeit jener Mittel so gewiß, daß man
entweder hohnlächelt, oder aus der Haut fahren will,
wenn man nur Bedenklichkeiten dabey findet; und
dem allen ungeachtet, trete ich vor ganz Deutschland
auf und sage laut und unverholen: Die Preßfreyheit
und die Publicität sind bey dem einzelnen Guten, das
sie hin und wieder gewirkt haben mögen, die nächsten,
und ich kann mit Grund sagen, die zureichende Ursachen der allgemeinen Unzufriedenheit mit den Regenten, und des allgemein herrschenden Revolutionsgei-
stes. Durch alle die mancherley Journale, Zeitungen
und fliegenden Blättern ist der wahren, langsam fort-
schreitenden und gründlich erhellenden Aufklärung
unendlich geschadet, hingegen der Sittenlosigkeit, der
frechsten Religions-Verachtung, und dem Hang zur
zügellosen Freyheit Thür und Thor geöffnet worden.
Läugne das, wer es läugnen kann! Die ganze Menge
des lesenden Publicums findet da jeden Augenblick
Fehler, bald dieses, bald jenes, bald seines eignen
Regenten aufgedeckt, und gar oft sind solche Erzählungen nicht einmal wahr; indessen glaubt man sie doch,
und man wird dadurch nach und nach verdrüßlich,
mißmuthig und unzufrieden mit allen Obrigkeiten,
daraus erzeugt sich endlich ein förmlicher Haß gegen
sie, und so ist der Revolutionsgeist gebildet. Ist das
denn nun der so wohlthätige Zweck, den solche Lehrer
der Menschen bezugen? und wird dadurch unsre Staats-
verfassung nach und nach auf eine friedliche Weise
verbessert werden? gerade das Gegentheil. "

„Sind denn nun die Preßfreyheit und die Publicität, so wie sie heut zu Tage bey uns üblich sind, friedliche und keineswegs gewaltsame Mittel, den Mängeln unserer Regierungsverfassungen abzuhelfen?— Wahrlich nicht! im Gegentheil sie wirken unfehlbar und unaufhaltbar zur gewaltsamen Revolution, mit allen ihren schrecklichen Folgen; und wird es denn durch solche Revolutionen, nach so viel vergossenem Bürger= Blut, besser werden?— Gewiß nicht! viel lieber will ich mein Leben auf einer wüsten Insel einsam verseufzen, als unter dem wüthenden Volks= Despotismus keinen Augenblick meines Lebens und meines Eigenthums sicher seyn.

O! es ist um die vernünftige und wohlgeleitete Preßfreyheit und Publicität eine herrrliche Sache! aber darinn sind wir doch alle einig, daß Schriften, die offenbar dem Staat und der Religion schädlich sind, unmöglich geduldet werden können. Welche sind aber dem Staat schädlicher, als wenn man die Handlungen der Regenten, sie mögen nun wirklich, oder blos vermeintlich schädlich seyn, öffentlich und ohne Scheu an den Pranger stellt? indem sie die unvermeidliche Würkung thun, daß sie eine frühere oder spätere gewaltsame Revolution bewürken müssen, wie ich so eben unwiderlegbar bewiesen habe. Und können wohl Schriften für die Reiigion schädlicher würken, als solche, die sie auf einer schiefen Seite vorstellen, ein falsches Licht darüber verbreiten, und sie auf eine gröbere oder feinere Weise lächerlich machen?— und haben wir deren heut zu Tage nicht viele?"

XVIII.

Reden über den Illuminaten-Orden 1793. und über das endliche Schicksal des Frey-maurer-Ordens 1794.

In verschiedenen kleinern ganz neuen Schriften werden noch mehrere den litterarischen Bund betref-fende wichtige Nachrichten mitgetheilt. Hieher gehört die: Rede über den Illuminaten-Orden, gehalten in einer Freymaurerloge im December 1793. 8. Regens-burg 1794. zum Besten der Kriegsoperations-Casse. Unter andern heißt es daselbst S. 14. u f.

„ Vergleichen wir mit den Originalschriften der Illuminaten, die auf Churfürstlichen Befehl in Bayern herausgekommen sind, und insonderheit mit den neue-sten Arbeiten des Spartacus und Philo, die dermalige Lage und Tendanz aller Völker, halten wir die Ope-rationen des Illuminaten-Ordens mit den Operatio-nen der Jacobiner in Frankreich zusammen: so sehen wir überall Licht um uns her. Wären nur unsere meisten Fürsten nicht mit Illuminaten umgeben, und wäre denen unter ihnen, welche selbst Illuminaten sind, nicht anizt der Zweck des Ordens von ihren hohen Obern ganz aus den Augen gerückt; wäre nicht so mancher Staatsrath und Kabinets-Secretäir, so man-cher Gesandte und Gesandschafts-Secretair, so man-cher Assessor oder gar Vorsteher hoher Tribunale, so mancher Censor und Präsident von Bücher-Censuren, selbst Illuminat; machten nicht diese Herrn insge-

sammt durch tausenderley Künste die deutschen Fürsten
und Minister gegen das deutsche Jacobinerwesen unauf-
merksam, schlaff und gleichgültig: so würde man bald
finden, wo und wie die Fürsten es angreiffen müssen,
um sich und ihre Völker der Gefahr zu entziehen; die
nun beynahe unaufhaltsam über ihren Häuptern schwe-
bet: denn Illuminatismus und Jacobinismus sind im
Grunde eins und dasselbe!

Unsere deutschen Buchdruckerpressen und Frankreichs Lage beweisen, daß der Geist des Illuminaten-
Ordens nicht erloschen ist, sondern daß er überall
herrscht, und daß der Genius der Zeit nichts anders
ist, als der seit 1776 in unzählliche deutsche Köpfe ge-
impfte Illuminatengeist. Baron Knigge und der
allgemeine Bibliothekar Nicolai haben zwar ihre Rechtfertigungen geschrieben, und alle Illuminaten samt
und sonders behaupten, der Orden sey erloschen. Aber
er ist nirgends erloschen, als auf einen Augenblick in
Bayern. Der Orden schreibt die beliebtesten deutschen
Journale und Zeitschriften. Illuminaten und Sansculotten schreiben gemeinschaftlich das Schleswigische
vormals Braunschweigische Journal und die oberdeutsche allgemeine Litteraturzeitung. Nur aus Liebe zu
klingender Münze giebt sich die Jenaische allgemeine
Litteraturzeitung dem Orden nicht ganz dahin: denn
sie bläßt doch, für die Gebühr, kalt und warm aus einem Munde, verkaufet Religion und Irreligion, Bi-
belspott und Illuminaten - Exegetik, Jacobinismus,
Royalismus, Aristocratismus, Feuillantismus und
Sansculotismus zu gleichen Preisen. Unter den Scep-
ter des Illuminaten = Ordens beugen sich alle unsre

hungrigen Schriftsteller, die eigentlichen Sansculotten der deutschen gelehrten Republick, alle diejenigen armseligen Gelehrten und deutschen Federschützen, deren ganzes Gedankensystem, deren Nahrung und Unterhalt, deren ganzer Werth und ganze bürgerliche Existenz von Zeitungs = Urtheilen und Journal = Lob abhängt.

S. 18. Handelt eine unzählbare Menge von Menschen, in allen Gegenden Deutschlands, in allen denkbaren Verhältnissen und Lagen, immer unabläßig und unermüdet, nach einem einmal vorgeschriebenen Plan; führt sie bey Ministern und Ministerien, in den höchsten Gerichtshöfen, auf Cathedern und Canzeln, auf Universitäten und Schulen, in unzählbaren Journalen, Zeitungen und Zeitschriften und Pamphlets, einerley und eben dieselbe Sprache; beträgt sie sich überall nach einerley Regel; erscheinet sie nach dieser Regel unter allen nur erdenklichen Masken, öffentlich und heimlich, sichtbar und unsichtbar, keck und schlau, und, wo es Noth thut, immer zweyzüngig; scheuet sie in Zeiten, die ihr vortheilhaft sind, um zu ihren Zwecken zu gelangen, keine Gefahr; hüllet sie sich in ungünstigen Zeiten in Lüge und Trug; macht sie Fürsten, Ministern und Regierungen, bald die schrecklichsten Drohungen, bald die allertiefsten Bücklinge und die lügenhaftesten Complimente: so verbindet doch wohl diese unzählbare Menge von Menschen ein gemeinschaftliches Band, es seye nun Illuminatismus, oder allgemeine Weltilümination. Immer mögen notorisch arglistige und notorisch auf Umsturz der Religion und durch denselben auf allgemeine

Weltillumination ausgehende Senatoren der deutschen Gelehrten = Republick ihre Rechtfertigungen schreiben, mögen diejenigen schimpfen und schänden, die ihren Worten nicht glauben, mögen dem Schein nach aller ihrer Wirksamkeit entsagen; solche Blendwercke trügen nur die Einfältigen und die Stockblinden: denn die Wirksamkeit dieser Senatoren der deutschen Gelehrten= Republick ist und bleibet kund und offenbar, die Bude sey in Berlin oder Kiel, in Braunschweig, in Schles= wig, in Flensburg, oder in Altona, und die Firma heisse Spartacus und Philo, oder Wurmbrand und Schaafskopf.

Eine andre, nicht minder wichtige Schrift, ent= hält noch mehr Specialien. Sie ist betittelt: End= liches Schicksal des Freymaurer = Ordens in einer Schlußrede gesprochen von Br** vormals Redner der Loge zu *** am Tage ihrer Auflösung. 8. 1794.

S. 25. u. f. Die auseinander gesprengten Baye= rischen Illuminaten mit ihren Brüdern des übrigen Deutschlands schrien mit heller Stimme, alles was wider sie (in Bayern) mit so viel Recht und noch zu großer Gelindigkeit geschehen war, sey unmenschliche Ungerechtigkeit, himmelschreyende Gewaltthätigkeit, Beweis der Dummheit, Schwäche und Grausamkeit der Regierung, und im Finstern bearbeitetes Jesuiten= werk. So streuten sie Klagen über Klagen, Apolo= gien über Apologien aus *) Die Parthey, welche der

---

*) Weishaupt schrieb sogar ein verbessertes Sy= stem der Illuminaten, welches seinem Vorgeben

Illuminatismus unter Gelehrtlingen, Zeitungsschreibern
Journalisten und Buchhändlern sich bisher erworben
hatte, stimmte in die Thränodien wacker ein, erhob
die Apologien zu Meisterstücken der Kunst und der
Wahrheit, und bemäntelte die gefährlichen Grundsätze
durch falsche Darstellung. Erschien wohl eine Schrift,
welche die Schändlichkeit der Rotte in ein allzuhelles
Licht setzte; so wuste man sie gar bald zu unterdrücken.
Und so ward es der Wahrheit noch schwerer, den für sie
ungebahnten Weg in die Kabinette der Großen zu finden.
Wo sind denn auch jezt die Herrscher dieser Welt, die immer Zeit und Lust hätten, selbst zu lesen, und müh-
sam zu untersuchen? Wo sind die, welche keine Rücksicht auf die kleinlichen Lobsprüche nehmen, die ihnen
die Dachstübler zu Berlin, Halle, Leipzig, Jena geben
können, und sich über das wegsetzen, was man im
Publicum von ihnen sagen werde, und wie man sie
in Zeitungen und Brochüren darstelle? Hätte auch
ein Landesherr, in Hochgefühl seiner Würde und Selbst-
ständigkeit, sich auf eine Untersuchung eingelassen; so
würde man gleich mit der Einwendung bey der Hand
gewesen seyn, der Orden seye ja in der Geburt er-
stickt, erloschen, und Häupter und Glieder in alle

---

nach schon vor der Verfolgung in Bayern existirt
haben sollte. Daß es aber erst nachher geschmiedet
worden, und — davon abgesehen, daß auch sonst
verschiedene Kopien der Grade vorhanden waren,
noch immer die nemlichen Maximen und Projekte
geblieben, nur in gelindern Ausdrücken vorgetragen, findet man in den neuesten Arbeiten des
Spartacus und Philo, in der Geschichte S. 72. u. s.

Welt verjagt. Denn die Fortdauer des Ordens in andern Gegenden Deutschlands wußte man noch nicht, und eben so wenig war bekannt, daß sie dort zahlreicher und von mehrerem Einfluß waren, als vormals in Bayern. Daß nun auch Glieder durch bloßen Briefwechsel und durch Mittheilung der Ordensschriften gegen einen Revers aufgenommen wurden, davon war wenig oder gar nichts bekannt; und Fürsten und Minister zu betrügen, war ja, wie die Originalschriften offenbar erweisen, von Anbeginn Maxime in dieser saubern Gesellschaft gewesen. *) So blieb denn im ganzen übrigen Deutschland der Illuminatismus in seiner ganzen bisherigen Stärke, ja er breitete sich immer noch weiter aus, und gewann so viel Gewalt, daß alles beynahe unter seinen heimlichen und desto gefährlichern Machinationen erliegen mußte.

So wie von Kniggen geschehen, warb nun auch Bode manche Gelehrte und Männer von Ansehen an. Den wichtigsten Dienst leistete letzterer dem Illuminatenbund dadurch: daß er entweder selbst unmittelbar durch den nachmals wegen anderer Verbrechen aus den Brandenburgischen Staaten verwiesenen Illuminatenapostel Leuchsenring (im Orden Leveller **) genannt) den berühmten Buchhändler Nicolai in Berlin dem Illu-

---

*) Nachtrag S. 8. 325.

**) Leveller heißt im Englischen ein Gleichmacher. Französisch Nivelleur. Zu Cromwells Zeiten war es der Name einer ganzen Parthey, die aber von ihm bald unterdrückt wurde. Dieser Name ward wohl nicht umsonst gewählt.

minatismus zuführte. Er erhielt den Namen Lucian.
Nicolai hat zwar dieses läugnen wollen, obgleich sein
Ordenschef selbst von ihm schrieb, daß er im Orden
und mit demselben contentissimus seye. Er spiegelte
dagegen vor, daß er blos die Ordens = Schriften gegen einen Revers zum lesen bekommen habe. Allein
diese Mittheilung war da, wo noch keine förmliche
Logen eingerichtet sind, wirkliche Aufnahme. Ja in
den beyden lezten Graden der Magus, der lauter
spinozistische Grundsätze enthält, Gott und die Welt
für einerley, und alle Religion für unstatthaft und für
die Erfindung herrschsüchtiger Menschen erklärt, und
der Rex, der den politischen Jacobinismus, wie er
leibt und lebt, umfasset, jeden Bürger, Bauern und
Hausvater zum Souverain erklärt, wie angeblich im
patriarchalischen Leben, auf welches die Menschen
zurückgebracht werden, und Staaten und Obrigkeiten
wegfallen müssen; in diese beiden Grade ward niemand
würklich aufgenommen, sondern sie wurden blos den
Auserwählten zum Lesen mitgetheilt. Daß Nicolais
Freunde, die eben so berühmten Journalisten zu Berlin, Biester und Gedicke, die gleichfalls eine solche an
sie geschehene Mittheilung eingestanden haben, nicht
weniger in diesem schrecklichen — Religion und Staat
umstürzenden Bund hineingezogen worden, werden
Sie nun nicht mehr bezweifeln. Daraus läßt sich ihre
Art, den Illuminatismus zu behandeln, und vieles
andere schon zum Voraus erklären.

Leicht zu denken ist es, daß nun die Rotte der
Gottes = und Fürstenfeinde ausserordentlich an Kräften
zunahm. Sie konnte ja nun auf Gewalt und Herr-

schaft über die Meynungen ficher rechnen, und ist wohl
eine Eroberung größer als diese? Die ganze große
Aufklärerparthie in Deutschland, der ganze Anhang,
den Nicolai in derselben an Mitarbeitern an der allgemeinen deutschen Bibliotheck und an deren Lesern hatte,
war nun gewonnen. Die hungrigen oder demüthigen
Gelehrtlinge, die dem großen Bücherdespoten ihre
Geistesgeburten verkauften, und nach Zeitungslob
ängstlich haschten, die Zeitungs-Comtoire, die Jour-
nal-Fabricken, die Censurtribunäle, die Buchhändler-
Buden, die Lesebibliothecken und Lesegesellschaften —
kurz alles, was nur den Anstrich von Erudition vertragen konnte, alles war nun vom Geiste des Illuminatismus imprägnirt, demselben von ferne und von
nahem affiliirt, und in das Interesse und die Absichten
desselben, für manchen ganz unvermerkt, hineingezogen.
Daraus erklärt sich nun von selbst der Gang und die
Wendung, welche die deutsche Litteratur von nun an
mit Riesenschritten nahm. Da ward nun in der allgemeinen deutschen Bibliotheck, in gelehrten Zeitungen,
wie in der Jenaischen und Oberdeutschen allgemeinen
Litteratur-Zeitung, in der Gothaischen, Erfurtischen
und andern Zeitungen, in Journalen, wie in der
Berlinischen Monatsschrift, dem Braunschweigischen
oder Schleswigischen Journal, im deutschen Zuschauer,
in Weckherlins Brochüren und dergleichen, in
Romanen, deren Knigge selbst einige schrieb,
und in andern Schriften, womit Bahrdt, Schulz,
Riem, und mehrere dieses Gelichters die Welt über-
schwemmten, desgleichen in Komödien und Gedichten,
die positive Religion heruntergerissen, die Bibel ver-

spottet, und auf gut illuminatisch exegesirt, die Re=
genten verkleinert und persiflirt, die Regierungen ge=
lästert, der Naturalismus und Deismus laut gepredigt,
und überhaupt Grundsätze über Religion, Moral und
Staat ganz im ächten Geist des Illuminatismus, al=
lenthalben ausgestreuet.

Sie werden sich es nun auch wohl erklären kön=
nen, wie es zugieng, daß mit solchen Grundsätzen
erfüllte Schriften, mogten sie auch noch so seicht und
elend geschrieben seyn, sogleich ausposaunt und unters
Volk gebracht wurden; wie es zugieng, daß alle an=
dere nicht im Geist der Parthey geschriebene Schriften,
welche die Nation noch vom Irrwege hätten ableiten
können, wenn sie gleich noch so gründlich, voll Witz
und Scharfsinn waren, entweder durch die nieder=
trächtigsten Recensenten=Künste herabgewürdigt, oder
ins Dunkle hingeworfen, und wohl gar gewaltsam
unterdrückt wurden. Ein rechtschaffner Mann hat schon
vor mehr als einem Jahre in der Wiener Zeitschrift,
die Existenz einer geheimen Casse bekannt gemacht,
aus welcher Buchhändler entschädigt würden, wenn
sie auf Befehl der hohen und erlauchten Obern
Schriften supprimiren müssen. Ja, die bekannte
deutsche Union, die auf nichts geringeres abzweckte,
als die ganze Litteratur dem eisernen Despoten-Scep=
ter der Freyheit predigenden Illumináten zu unter=
werfen, worauf Weishaupt schon von Anfange an
visirt hatte, *) was war sie anders, als ein Illumi=
natenprojekt?

*) Und dieses Projekt wäre geglückt, wenn man

S. 37. erzählt der Verfasser, daß nach des Du=
mouriez eignen Aussage jährlich dreyßig Millionen auf
die auswärtigen Clubs von den Franzosen verwendet
würden, und setzt hinzu: Geld genug, um in geheimen
Zirkeln sich Anhänger zu erwerben, wo der Fanatis=
mus allein nicht vollständig würken möchte! Geld ge=
nug, um hungrige Schriftsteller zu besolden, Buch=
händler für nöthige Suppressionen schadlos zu halten,
und die ohnehin gegen Fürsten, Adel und Pfaffen auf=
gebrachte gelehrte Caste in Thätigkeit zu erhalten, um
über Deutschland ähnliches Verderben auszuschütten.

S. 39. Nach dem in Bayern über den Illumina=
tismus ausgebrochenen Ungewitter, breitete er sich wei=
ter aus; er überschwemmte fast die ganze Maurerey,
er eroberte den Bund der Nicolaischen Aufklärer,
und bemächtigte sich der Litteratur und des Buch=
handels.

***

XIX.

Zurückforderung der Denkfreyheit an Eu=
ropens Fürsten 1793.

Unter der Menge von aufrührerischen Schriften
von allerley Sorten und Einkleidungen, womit Deutsch=
land überschwemmt wird, will ich nur folgende an=

nicht einen zu bekannten Betrüger, nämlich Bahrdt,
an die Spitze gestellt hätte.

führen: Zurückforderung der Denkfreyheit von den Fürsten Europens, die sie bisher unterdrückten. Eine Rede. Noctem pecatis, et fraudibus objice nubem. 8. Heliopolis im letzten Jahre der alten Finsterniß. 86 Seiten. Diese Rede sieht aus, als wenn sie in einem Jacobiner=Club gehalten worden wäre; so bitter und beisend ist der Ton derselben gegen die Fürsten, deren Einer doch dem Verfasser, wie man sagt, Brod giebt, wofür er zur Dankbarkeit den Revolutionsgeist unter die auf seiner Universität studierende Jugend ausbrei= tet. Er thut, als wenn die Fürsten alle Denk = Rede= Schreib= und Preßfreyheit gänzlich zu unterdrücken suchten, ob sie gleich derselben leyder! nur allzuviel Raum lassen.

S. 71. sagt er: „Ueber unsre Denkfreyheit habt ihr gar keine Rechte, ihr Fürsten. Keine Entschei= dung über das, was wahr oder falsch ist; kein Recht, unserm Forschen seine Gegenstände zu bestimmen, oder seine Gränzen zu setzen. Kein Recht, uns zu verhin= dern, die Resultate desselben, sie seyen nun wahr oder falsch, mitzutheilen, wenn oder wie wir wollen: ihr habt in Rücksicht ihrer auch keine Verbindlichkeiten; eure Verbindlichkeiten gehen blos auf irrdische Zwecke, nicht auf den überirrdischen der Aufklärung. In Rück= sicht dieser dürft ihr euch ganz leidend verhalten; sie gehört nicht unter eure Sorgen." Diese Sophistereyen zu entwickeln, halte ich für unnöthig; sie müssen ei= nem jeden unbefangnen Leser von selbst in die Augen springen. In der Vorrede werden den Fürsten die grösten Härtigkeiten gesagt, und endlich droht der un= verschämte Scribler, daß es wegen der Einschränkung

der

der Denkfreyheit noch zu gewaltsamen Ausbrüchen
kommen musse, und die Menschheit sich an ihren Un-
terdrückern auf das grausamste rächen werde; weswegen es hohe Zeit sey, daß die Dämme, welche dem
Gang des menschlichen Geistes entgegengesetzt seyen,
gelüftet würden, damit er sie nicht gewaltsam durch-
breche, und die Fluren umher schröcklich verwüste.

XX.

Gedenkschrift 1794.

Als die erste Auflage dieser Nachrichten eben aus
der Presse gekommen war, und ausgegeben werden
sollte, erhielt ich eine so betittelte Gedenkschrift, 4.
8 Seiten, in welcher mehrere ähnliche Aeusserungen
vorkommen, deren einige ich um so mehr hier mittheile,
als diese Schrift nicht in den Buchhandel gekommen
ist. Unter andern heißt es darinnen:

„Die traurigsten Erfahrungen haben es seit einem
Zeitraum von dreyßig Jahren her bewiesen, und keinem aufmerksamen Staatsmanne haben diese Erfahrungen entgehen können, daß der Gemeinsinn der deutschen
Völker in religiöser und politischer Hinsicht eine Stim-
mung erhalten, welche der Religion, den Fürstenthro-
nen, der Reichsgrundverfassung, der bürgerlichen Erziehung, dem Glücke des Volks und jedes Einzelnen
den nahen Untergang droht. —

i

„ Es ist hier der Ort nicht, die Genesis dieses allgemeinen Verderbens, welche eigentlich von zween Punkten ausgeht, und welche beyde mit zwey Worten: Freyheit und Toleranz derselben bezeichnet werden können, weitläuftig zu entwickeln. Daß es wirklich vorhanden sey, bedarf keines Beweises, sobald man nur die Zügellosigkeit erwägt, mit welcher aller öffentlichen Gewalt Hohn gesprochen wird, und den krassen Widerspruch einiger Ueberlegung werth hält, daß die nämlichen Menschen, welche Könige und Fürsten für entbehrlich erklären, und ihre Thronen mit ihrem giftigen Geifer besudeln, zur nämlichen Zeit einzelnen Fürsten, die sie zu ihren Zwecken daptiren wollen, oder die sie für schwach genug halten, um eingeschläfert werden zu können, auf die unverschämteste und fadeste Weise Weyrauch streuen. Wem aber das zur Ueberzeugung noch nicht genug ist, der betrachte nur mit unbefangnem Auge die untrüglichen Documente, welche der dermalige Krieg geliefert hat, nur die Schriften und Handlungen der zahllosen Menge, welche in den Rheingegenden Gott und dem Vaterlande untreu wurden, und zum Theil es noch sind, noch jezt thätig an seinem Untergange arbeiten. Er wird erschrecken, wenn er die Schritte dieser Menschen politisch berechnet und abmißt. Hier ist es genug, sich auf die Erfahrung zu berufen: — daß ein Plan und ein großer consequenter Bund vorhanden sey.—

„ Dieser schändliche Bund und ihre Heerführer üben eine souveraine Herrschaft über die Presse und ihre Producte aus. Diese Bande nennt sich im Braun-

schweizischen Journal, unsern Fürsten zum Hohne,
Ihnen ins Angesicht, die gesetzgebende Macht! ! !
und sie hat gezeigt, in welchem hohen Maaße sie die
Gesetzgebung dadurch ausübe, daß sie den Geist souverain beherrscht. Dieser bibliopolokratische Bund spricht
jeder Schrift, die ihm im Wege ist, jeder, die seinen
verbrecherischen Plan entdecken und entkräften könnte,
das Urtheil der Vernichtung, oder doch der Verdam-
mung in tausend Zeitschriften, Broschüren und gelehrten Zeitungen, und sie bleibt unaufhelßlich verdammt,
ungelesen oder vernichtet. Die Preßfreyheit, die selbst
dem fessellosesten Aufrührer die Schranken öffnet,
kommt, da sie das Tribunal der gelehrten Censur ein-
seitig besitzen und tyrannisch ausüben, auch wohl gar
wo eigene Landespolizey ein Censuramt angestellt hat,
sich da hineinzuschleichen gewußt haben, Andersge-
sinnten nicht zu statten. —

„ Es bleibt eine ausgemachte Wahrheit, durch
die Geschichte der französischen Revolution fürchterlich
bestättigt: Hätten die gutgesinnten französischen Patrioten — sich in Zeiten mit ihrem unglücklichen Könige in einem gemeinschaftlichen Bund gegen den Phi-
losophen- und Buchhändler- oder mit einem Worte,
gegen den Jacobiner-Bund vereinigt, und eben so
consequent, als ihre Gegner, gehandelt; die Religion
würde ihr Ansehen erhalten, und dadurch den Ausbruch aller empörenden Greuelthaten gehindert — und
Ludwig XVI. und seine Gemahlin das Blutgerüste
nicht haben besteigen müssen ! ! —

„ Wie gewaltig die Herrschaft der sogenannten
Philosophen über die Meynungen zu der französischen

Staatsumwälzung gewirkt habe, weiß jedermann.
Schon der einzige Umstand würde dieß beweisen, daß
jene Bande hat Schriftsteller auftreten lassen, die in
besondern Schriften angeblich beweisen sollen, daß ein
Schriftsteller eine Revolution zu bewirken nicht im
Stande sey. Diese Herrschaft nicht aus den Händen
lassen, dadurch die Welt unterjochen, und die Regenten von ihren Thronen stürzen, ist noch gegen-
wärtig das Streben der französischen Jacobiner und
ihrer deutschen Verbündeten.